中国跨越中等收入陷阱

China: Surpassing the Middle-income Trap

周绍杰
胡鞍钢
——著

浙江人民出版社

图书在版编目(CIP)数据

中国跨越中等收入陷阱 / 周绍杰，胡鞍钢著. —
杭州 ：浙江人民出版社，2018.1

ISBN 978-7-213-08442-3

Ⅰ. ①中… Ⅱ. ①周… ②胡… Ⅲ. ①中国经
济-经济发展-研究 Ⅳ. ①F124

中国版本图书馆CIP数据核字(2017)第269707号

中国跨越中等收入陷阱

周绍杰　胡鞍钢　著

出版发行：浙江人民出版社（杭州市体育场路347号　邮编　310006）
　　　　　市场部电话：(0571)85061682　85176516
集团网址：浙江出版联合集团　http://www.zjcb.com
责任编辑：蔡玲平　王　芸
责任校对：朱　妍
封面设计：奇文云海
电脑制版：杭州兴邦电子印务有限公司
印　　刷：浙江新华数码印务有限公司
开　　本：880毫米×1230毫米　1/32　　印　　张：8
字　　数：160千字　　插　　页：4
版　　次：2018年1月第1版　　印　　次：2018年1月第1次印刷
书　　号：ISBN 978-7-213-08442-3
定　　价：48.00元

目 录

第1章　什么是“中等收入陷阱”？

ZHONGGUO

KUAYUE ZHONGDENG SHOURU XIANJING

一、“中等收入陷阱”的提出

2007 年,世界银行的两位经济学家 Indermit Gill 和 Homi Kharas(2007)发表了题为《东亚复兴:关于经济增长的观点》的报告[①],谈到东亚很快将成为中等收入地区,并提出了“中等收入陷阱”(Middle Income Trap)这个概念。需要指出的是,该报告并没有对这个概念进行深入阐释,更没有明确给出“中等收入陷阱”的收入区间。2011 年,Homi Kharas 和 Harinder Kohli(2011)对这一概念进行了阐释[②],指出当一个国家从低收入国家摆脱贫困陷阱(poverty trap)进入中等收入国家后,进入增长停滞以及不能进一步迈入高收入国家行列,其原因是进入中等收入国家后随着劳动力成本相对于低收入国家的上升,在出口市场既不能在制造业上与低收入、低工资的国家相竞争;与此同时,在创新技术方面的能力并未得到显著提高,进而导致该国家又不能在高技术创新产品上与发达国家竞争,出口竞争力下降。这样就会带来经济增速的下降甚至经济的倒退,导致该国家不能发展为高收入

① Indermit Gill and Homi Kharas (2007). An East Asian Renaissance: Ideas for Economic Growth, The World Bank.

② Homi Kharas and Harinder Kohli (2011). What Is the Middle Income Trap, Why do Countries Fall into It, and How Can It Be Avoided?, *Global Journal of Emerging Market Economies*, 3(3) 281 - 289.

国家。

“中等收入陷阱”这一概念提出以后，立刻获得学术界和媒体的关注，成为理解发展中国家经济增长的一个视角。特别是，受到2008年全球金融危机影响，中国经济能否继续维持高速增长态势引发了广泛的关注和争论。2010年，中国国内生产总值(GDP)规模首次超过日本，成为世界第二大经济体。2012年发布的《世界发展报告》根据2010年中国人均收入水平首次把中国列为上中等收入国家。从这个意义上讲，2010年是中国经济发展历程中的一个重要时点。随后，中国开始了第十二个“五年规划”。在全球金融危机的影响下，中国经济的表现赢得世界的普遍关注。作为世界第二大经济体，中国的经济增长毫无疑问对世界经济增长有着至关重要的影响，中国对外进出口状况也直接影响那些把中国作为主要贸易伙伴的国家的经济增长状况。从长期来看，中国能否继续保持较高的增长速度，进而进入高收入国家行列，也格外引人关注。

“中等收入陷阱”问题受到中国学者的广泛关注，成为理解中国经济走向的重要视角。中文学术期刊关于以“中等收入陷阱”为主题的学术论文在近几年呈现快速增长。然而，从国际期刊的相关发表论文来看，关于“中等收入陷阱”的研究大多都是工作论文，正式发表的国际期刊文章其实并不多。在现有出版的发展经济学的教科书中，“中等收入陷阱”还没有成为一个标准的概念被定义以及讨论。如何理解“中等收入陷阱”仍旧是学术界关注的一个重要主题。

二、“中等收入陷阱”的定义

1. 绝对标准

从1978年开始,世界银行开始每年出版《世界发展报告》(部分年份是两年合出一本)。尽管每年《世界发展报告》的主题不同,但是都会给出关于世界各国在经济发展、人口、教育和健康等方面的数据。其中,世界银行根据以Atlas方法计算出的人均收入水平把全世界的国家进行分类。[①]在1978年的《世界发展报告》中,世界银行把世界各国分为低收入国家(1976年按照Atlas方法计算的人均GNP等于或低于250美元)、中等收入国家(人均GNP高于250美元)、工业化国家、资本过剩石油出口国、中央计划国家等几类。[②]此后,世界银行的分类形式经过若干次调整。1981年的分类为低收入国家、中等收入国家、

---

① 世界银行采用的Atlas方法是基于Atlas转换因子(Atlas conversion factor)计算人均收入的美元值。Atlas转换因子的计算是基于合成汇率方法,采用一国近三年平均汇率值,同时考虑该国的GDP平减指数与特别提款权国家(SDR)加权GDP平减指数的相对变化。利用这种方法计算一国人均收入水平的好处在于,它可以降低一国货币对美元汇率波动对一国人均收入计算的影响。

② 在1978年的《世界发展报告》中,中国的人均GNP为410美元。按照这个标准,中国属于中等收入国家,显然这是不正确的。主要原因在于在改革开放之初,中国尚未恢复世界银行的成员国地位,世界银行还没有与中国充分展开数据统计方面的合作。随着1980年中国恢复世界银行成员国地位,世界银行根据部分中国官方信息,在1980年《世界发展报告》中公布中国的人均GNP为230美元。

工业化市场经济国家、资本过剩石油输出国家、非市场经济工业化国家。1989年，随着东欧社会主义阵营的解体，世界银行的国家分类为低收入国家、中等收入国家（包括中低收入国家、中高收入国家）、高收入国家等。至此，世界银行按照人均收入水平进行的国家分类基本上趋于稳定，主要划分为四类，包括低收入国家、中低收入国家、中高收入国家和高收入国家。

当前，世界银行根据以Atlas方法计算的各个国家人均国民收入（GNI）进行国家的收入组分类。[①]这是按现价美元计算的，因此每年收入分组的标准也在变化着。考虑到通货膨胀的影响，收入组分类的门槛值会定期地进行调整。[②]由于门槛值的变化是基于主要国家的汇率和通货膨胀进行调整的，如果不考虑这些因素的变化，可以认为利用Altas方法计算人均GNI的门槛值是相对固定的，或者说可以视为是绝对收入标准。从这个意义上讲，如果一个国家能够保持正的经济增长率，最终可以实现跨越高收入国家的门槛。

---

① 国民总收入（GNI）等于国内生产总值加上本国居民从国外获得的租金、利润和劳动报酬等净收入流入。世界银行以近三年的汇率平均值将各国货币衡量的GNI换算为美元值表示的GNI。这种做法是为了消除汇率波动的影响。

② 从1987年开始，世界银行每年都会对收入组划分的门槛值进行调整。例如，1987年高收入组的门槛值为6000美元，1990年为7620美元，2000年为9265美元。从1996年开始世界银行在每年的7月1日公布调整的门槛值。

表1-1　不同年份收入组分类方法(1995—2015年)

单位:美元

收入组	1995年	2000年	2005年	2010年	2015年
低收入国家	≤765	≤755	≤875	≤1005	≤1025
下中等收入国家	766—3035	756—2995	876—3465	1006-3975	1026-4035
上中等收入国家	3036—9385	2996—9265	3466—10725	3976—12275	4036—12475
高收入国家	>9385	>9265	>10725	>12275	>12475

资料来源:世界银行。

根据世界银行的收入组划分,按照2015年的标准,人均GNI超过12475美元(Altas方法)的国家就可以被视为是高收入国家。在这里需要指出的是,高收入国家未必是我们通常所说的发达国家,或者说是发达经济体(advanced economies)。国际货币基金组织(IMF)把世界上39个国家或地区列为发达经济体。[①]但是,世界银行2015年7月1日公布的高收入国家则有79个。

事实上,按照1987年的数据(154个国家参加分类),世界银行定义的高收入经济体有41个,中等收入经济体有74个(46个下中等收入国家,28个上中等收入国家)。而按照2015年的数据(217个国家参加

① 包括美国、19个欧元区国家、日本、英国、加拿大以及其他16个国家或地区(包括澳大利亚、韩国、新加坡、捷克、中国澳门、瑞典、丹麦、新西兰、瑞士、中国香港、挪威、中国台湾、冰岛、波多黎各、以色列、圣马力诺)。资料来源:IMF Advanced Economies List. *World Economic Outlook*, April 2016, p. 148.

分类），高收入经济体的数量达到79个，中等收入国家为107个（52个下中等收入国家，55个上中等收入国家）。其中，1987年为中等收入国家的19个国家进入高收入国家行列，占1987年中等收入经济体的四分之一。从这个意义上讲，能够从中等收入国家升级到高收入国家的仍旧是少数。

2. 相对标准

2012年，世界银行与中国的国务院发展研究中心展开合作研究，基于该项研究发布了*China 2030：Building a Modern, Harmonious, and Creative High-Income Society*一书。该研究利用Maddison数据库，基于世界各国相对于美国人均GDP（按照购买力平价计算）的百分比划分为三类国家，即低收入国家、中等收入国家和高收入国家。其中，中等收入国家为人均GDP相当于美国人均GDP的5%—40%的国家，低于这个区间的为低收入国家，高于这个区间的为高收入国家。因此，我们可以把这个分类标准定义为国家收入组的相对标准，即人均GDP（PPP，购买力平价方法）相对于美国的相对水平。基于这个分类标准，该研究利用各国人均GDP在1960年和2008年两年相对于美国的水平，把世界各个国家在1960—2008年期间对美国的追赶划分为九类情况（见图1-1）。

根据这项研究，我们可以有如下的发现：首先，1960年为低收入国家的国家，只有三分之一左右的国家在2008年进入中等收入国家，没有一个国家进入高收入国家。其次，1960年为中等收入国家的101个国家或地区中，在1960—2008年期间只有13个国家成功进入高收入

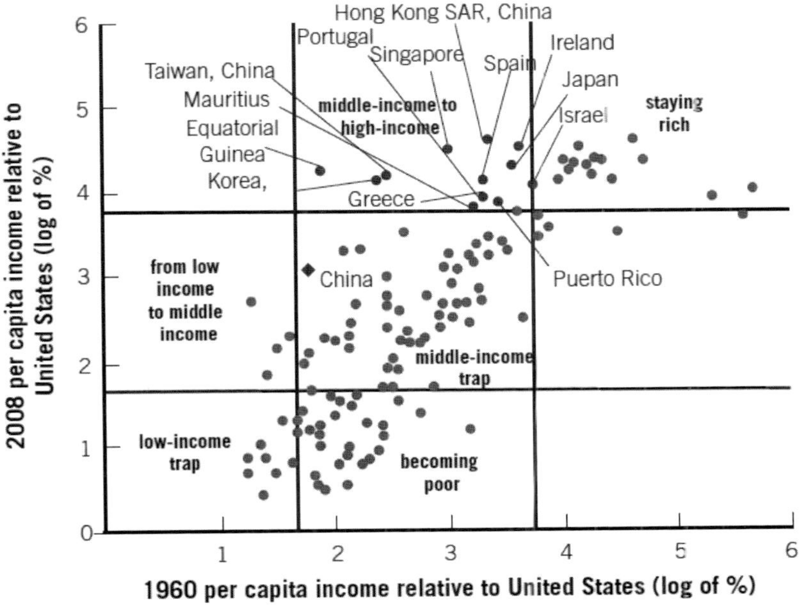

图1-1　各国或地区人均收入相对美国平均水平（1960—2008年）

资料来源：Pierre-Richard Agénor, Otaviano Canuto, and Michael Jelenic, 2012, Avoiding Middle-Income Growth Traps, Poverty Reduction and Economic Management Network, Number 98, the World Bank.

国家或地区。[①]此外，相当一部分在1960年为中等收入国家的国家，2008年则落入了低收入国家。这表明在1960年以来的近50年中，仅有13个中等收入国家晋升到高收入国家，而更多的中等收入国家则

① 其中包括日本、"亚洲四小龙"（中国香港地区、中国台湾地区、韩国、新加坡）和以色列6个亚洲国家或地区，西班牙、葡萄牙、希腊和爱尔兰4个欧洲国家，赤道几内亚和毛里求斯2个非洲国家以及波多黎各。

落入了低收入国家，这种现象被称为“中等收入陷阱”。第三，1960年为高收入国家的国家，2008年大多数仍为高收入国家。

如果对成功跨越“中等收入陷阱”的国家或经济体进行进一步分析，就会发现其中很多都是人口不足千万的人口小国或小型经济体。例如，毛里求斯的人口数量为126万人（2014年），城市化率仅为40%（2014年），经济发展状况仍具有典型的发展中经济体特征。赤道几内亚仅为82万人（2014年），尽管人均GNI（PPP，2011年国际美元）达到21972美元（2013年），但是教育和健康领域的发展指标极低，在联合国开发计划署（UNDP）发布的人类发展指数排名为144位（参加排名的共187个国家），刚刚脱离低人类发展指数（HDI）国家，属于经济发展和人类发展极端不平衡的国家。①中国香港地区和新加坡是典型的小型开放城市经济体，相对于1960年广大的中等收入国家或经济体而言，这两个经济体进入高收入阶段也不具有代表性。

由此可见，除去这几个国家以及中国的台湾和香港地区，其余的都是经济合作与发展组织（OECD）成员，包括日本、韩国、以色列、葡萄牙、西班牙、希腊和爱尔兰。而广大的发展中国家，按照相对的标准确实在2008年还没有跨越“中等收入陷阱”。因此，**“中等收入陷阱”确实是发展中国家经济发展的普遍现象**。这种现象表现为，在低收入以及中低收入发展阶段，经济呈现快速增长的态势，而达到中等收入阶段以后（特别是中上等收入阶段以后），经济增长率出现下滑、停滞甚

① 例如，2013年赤道几内亚的预期寿命为53.1岁，人均受教育年限仅为5.4年。

至衰退,导致不能或迟迟不能进入高收入国家行列。从图1-1中我们可以看到,1960年收入水平相近的中等收入国家或经济体,在2008年相对于美国的水平呈现出较高的分散度。

我们采用相对收入的标准,根据世界银行的最新数据重新计算了2015年的分组情况,包括有数据的191个国家或地区。基本的统计结果如下:2015年有53个国家和地区的人均GDP(PPP,2011年国际美元)超过美国的40%,可以视为高收入国家。进一步地,我们可以对这53个国家和地区进行分类。其中,33个国家和地区为OECD成员,非OECD成员仅有20个,这些国家和地区包括(括号内为人口数量):卡塔尔(224万人)、中国澳门地区(59万人)、文莱(42万人)、新加坡(554万人)、科威特(404万人)、百慕大(6.5万人)、阿拉伯联合酋长国(916万人)、中国香港地区(731万人)、沙特阿拉伯(3150万人)、阿曼(449万人)、巴林(138万人)、马耳他(43万人)、塞浦路斯(117万人)、赤道几内亚(84.5万人)、特立尼达和多巴哥(136万人)、波多黎各(347万人)、立陶宛(291万人)、马来西亚(3033万人)、俄罗斯(1.44亿人)和哈萨克斯坦(1750万人)。其中,5个国家或地区人口不足百万人;人口超过百万人的国家中,包括卡塔尔、科威特、阿拉伯联合酋长国、阿曼、巴林、俄罗斯、哈萨克斯坦等7个国家,其经济发展不同程度地依赖资源开采;人口过千万的国家有4个,包括沙特阿拉伯、马来西亚、俄罗斯和哈萨克斯坦。

根据2015年各国人均GDP(PPP,2011年国际美元)统计,在191个有数据的国家中,处于中等收入水平(人均GDP水平为美国的5%—

40%)的国家为106个,处于低收入国家的数量为32个。

以上只是以相对标准进行的国家收入组的统计。考虑到不同国家的人口规模差异,我们可以计算一下高收入组的人口规模。根据世界银行2015年的人口统计,世界上人口超过2000万的国家共59个,占世界人口总数的90.31%。其中,高收入国家为14个,占世界人口比重为15.42%,占2000万人口以上的国家人口总数的17.07%。而这14个国家中,只有马来西亚和沙特阿拉伯两个国家是非OECD成员,OECD成员除了G8国家以外,还包括韩国、西班牙、波兰和澳大利亚这4个国家。需要指出的是,沙特阿拉伯是石油输出国,其高收入在很大程度上是由于资源出口。马来西亚在2010年的人均GDP(PPP)首次超过美国的40%。但是,按照绝对标准(Atlas方法),马来西亚2015年的人均GDP(Atlas方法)为10548美元,距离2015年高收入国家的门槛值(12745美元)还有一段距离。

三、跨越"中等收入陷阱":东亚和拉美的比较

以上分析表明,只有少数国家和地区跨越了"中等收入陷阱"。例如,日本、韩国等东亚经济体(包括日本和"亚洲四小龙")成功跨越"中等收入陷阱",进入发达国家行列;然而,像拉美、东南亚等诸多国家,则普遍陷入了这个陷阱。因此,东亚经济体和拉美国家在跨越"中等收入陷阱"方面呈现鲜明的对比,两者的比较研究对于认识"中等收入

陷阱”具有重要的意义。

1. 亚洲国家或地区跨越“中等收入陷阱”的比较

在东亚经济体中,日本和韩国是人口规模较大的国家,根据世界银行2015年的统计数据,他们的人口规模分别为1.27亿人和5062万人;中国台湾地区、中国香港地区和新加坡人口规模相对较小,属于小型开放经济体。其中,日本和韩国所经历的跨越“中等收入陷阱”对中国而言更具有参考意义。按照麦迪森的统计,日本人均GDP在1964年达到5668美元(1990年国际美元),相当于美国的40.1%,按照相对标准达到高收入国家水平;1991年达到19347美元,相当于美国的84.7%,达到历史高点。20世纪90年代末,随着日本泡沫经济的崩溃,日本人均GDP(PPP)相对美国出现显著下降,到2000年左右达到74%左右,相对于20世纪90年代初下降10个百分点。此后,2000—2015年期间则保持相对稳定的水平,大致在72%—74%之间。

韩国在1991年的人均GDP达到9446美元(1990年国际美元),首次超过美国人均GDP的40%,达到41.4%,进入高收入国家;随后继续追赶,2010年达到美国的71.2%,与日本2010年相当于美国人均GDP的水平相当。总体来看,从人均GDP的追赶情况看,日本相对于美国的水平从1950年的20.1%上升到1962年的40.1%,经历了12年;韩国相对于美国的水平从1976年的20.5%追赶到1991年的41.4%,经历了15年。

需要指出的是,上述数据是根据麦迪森估计的人均GDP(PPP,1990年国际美元)计算的。如果采用世界银行按照2011年PPP标准的国际美元数计算的人均GDP,韩国相对与美国的水平与使用麦迪森的数据有差异。例如,韩国人均GDP首次超过美国的40%是1995年,2010年达到美国的60.3%,2015年达到美国的64.7%,低于用麦迪森数据的估算结果。日本人均GDP相对于美国的追赶使用这两类数据的结果基本是一致的。特别是,我们可以看到,在日本和韩国的人均GDP超过美国的40%以后,又实现了进一步追赶。从某种意义上讲,也只有实现更高程度的追赶,才能说明已经稳固地超越了“中等收入陷阱”。

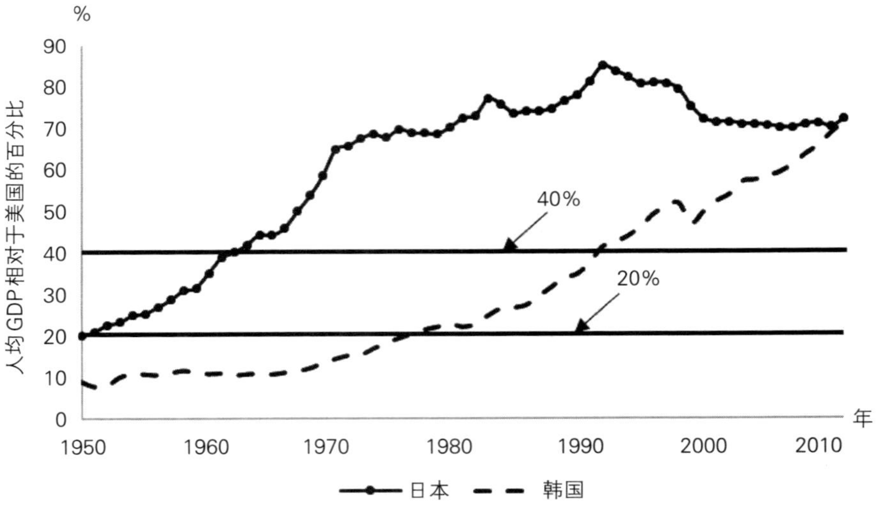

图1-2　日本和韩国人均GDP相对于美国的水平(1950—2010年)

数据来源:The Maddison-Project, http://www.ggdc.net/maddison/maddison-project/home.htm, 2013 version.

按照相对水平,中国人均GDP在2008年首次超过美国的20%,相当于日本1950年的水平。这也表明,中国在未来仍旧具有巨大的追赶空间。印度人均GDP相对美国的水平在20世纪70年代中期与中国相当,但是此后印度的经济增长明显落后于中国,印度相对于美国的追赶也不如中国强劲。到了2010年,印度人均GDP相对于美国的水平仅为10.5%,相当于中国在1995年相对于美国的水平。

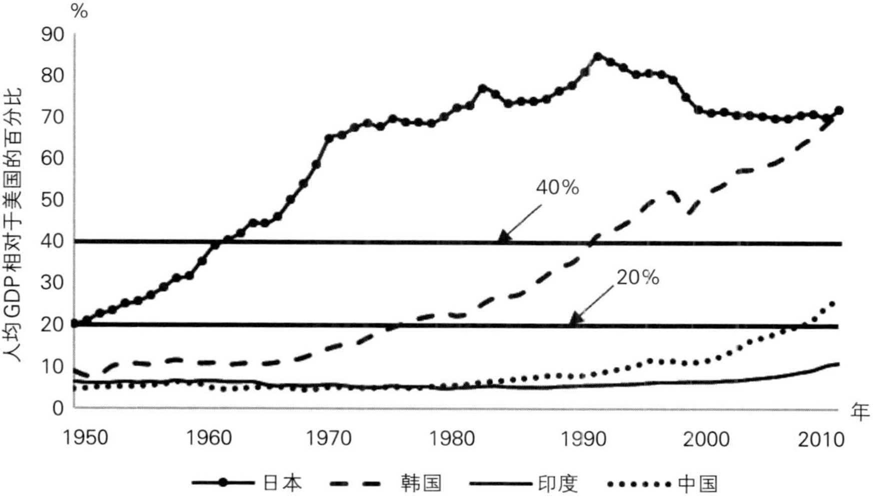

图1–3　部分东亚国家人均GDP相对于美国的水平(1950—2010年)

数据来源:The Maddison–Project, http://www.ggdc.net/maddison/maddison–project/home.htm, 2013 version.

除了东亚国家以外,很多东南亚国家也曾经在经济增长方面具有卓越的表现,例如泰国、马来西亚、印度尼西亚等。其中,泰国、马来西亚和印度尼西亚在1976—1996年期间经历了长达20年的较高速增长，三个国家在此期间的平均经济增长率分别达到6%、4.6%和5%。虽然这些国家也曾经历过快速的经济增长时期，但是这些国家的经济增长不具有可持续性，因而没有实现向高收入国家的跨越。

由于亚洲金融危机始于泰国，对于泰国的分析还有助于理解遭受金融危机重创的国家是怎样失掉跨越“中等收入陷阱”机会的。亚洲金融危机前，泰国曾经保持过十年的高速经济增长，1986—1996年期间的人均GDP增长率大约8%，人均GDP从1727美元上升到3705美元（以2010年不变美元价格计算）。而中国人均GDP在1996年为1335美元，仅为泰国同期人均水平的36%。但是，亚洲金融危机终结了泰国经济增长的繁荣，随之而来的是经济衰退，直到2002年泰国才恢复到危机前的水平。2015年，泰国的人均GDP水平为5775美元（以2010年不变美元价格计算），明显低于中国（6497美元）。在经历了亚洲金融危机的影响之后，泰国经济结束了高增长的态势，按照不变美元价格计算，2000—2015年期间泰国经济增长率仅为3.4%。

按照相对标准来看，泰国1990年人均GDP（PPP，2011年国际美元）相当于美国的17.6%，1996年提高到23.5%。随着亚洲金融危机的开始，该比值先是开始显著下降，随后再缓慢提高，2007年恢复到1996年的水平。如果泰国能够一直保持1990—1996年期间相对于美国的追赶趋势，那么泰国在2012年就已进入高收入国家行列。

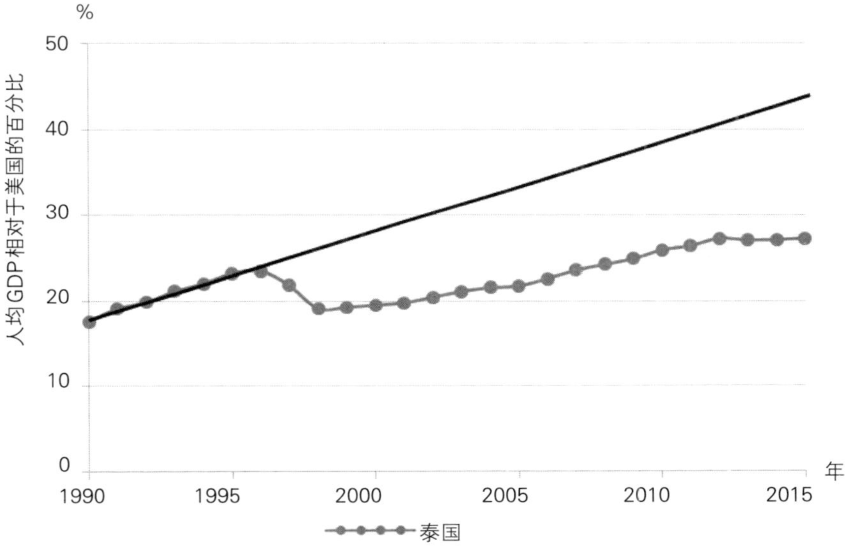

图 1-4　泰国人均 GDP 相对于美国的水平（1990—2015 年）

数据来源：世界银行，世界发展指数，2017 年。

注：采用以 2011 年不变价格按照 PPP 标准的人均 GDP 的百分数。

东南亚另外一个很重要的国家是 2015 年人口超过 1 亿人的菲律宾。1960 年，菲律宾的人均 GDP 为 1059 美元，大概为泰国的两倍。然而，菲律宾是一个典型的长期低增长国家，1960—1986 年期间的平均经济增长率只有 1%左右。而 1986—2015 年期间的平均增长率也只有 2.2%。2015 年的人均 GDP 为 2640 美元（以 2010 年不变美元价格计算），仅相当于中国的 40%。而 1960 年，菲律宾人均 GDP 是中国的 5 倍多。

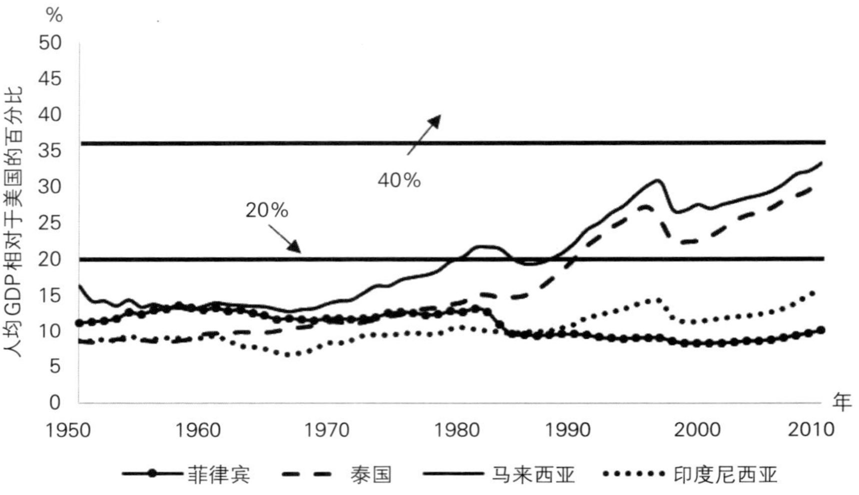

图1-5　东南亚四国人均GDP(PPP)相对于美国的水平(1950—2010年)

数据来源:The Maddison-Project, http://www.ggdc.net/maddison/maddison-project/home.htm, 2013 version.

为什么持续20年经济繁荣、高速增长的东南亚国家在金融危机的冲击下陷入经济危机和社会危机呢?一个根本原因是,这些国家并没有基于本国经济发展的客观实际,想当然地认为新自由主义的经济主张是本国经济发展的良方,而不是通过深化改革主动地解决本国经济的结构性矛盾以及修补经济增长模式的缺陷,导致经济体系的脆弱性不断累积,最终演变为货币的大幅度贬值,资本市场的剧烈动荡,企业大规模破产,失业和通货膨胀急剧恶化,成为社会不稳定的直接诱导因素。

此外，在这些国家发生危机之前，就已经存在着极其严重的社会问题、面临着极其尖锐的社会矛盾，但是这些国家政府在促进经济高速增长的过程中忽视了社会进步的建设，在推进经济建设的过程中忽视了社会安全网的建设，导致社会稳定的脆弱性不断加大。因此，一旦金融危机导致经济增长陷入衰退，贫困人口和家庭首先受到冲击，底层人民的生活水准急剧恶化，社会不满情绪直接转化为对国家领导人治理能力的质疑，甚至否定政府的政治合法性。最终，广泛的社会不满情绪不断累积，经济危机演变为社会动荡和社会暴乱，原有的政治体系崩溃，政府频繁更迭，政治不稳定与经济危机陷入恶性循环。

总而言之，1997年的东南亚金融危机使得泰国、马来西亚等东南亚国家丧失了跨越“中等收入陷阱”的发展契机。根据图1-5，我们可以看到，在1950年这些东南亚国家的人均收入水平就已经超过美国8%以上，但是在1950—2010年这60年中，这些国家始终没有像韩国那样突破“中等收入陷阱”。而韩国在1950年的相对经济发展水平与东南亚国家差距并不大。

2. 拉美国家陷入“中等收入陷阱”

拉美国家也是陷入“中等收入陷阱”的典型国家，但与上述东南亚国家形成了鲜明的对比。从历史上来看，阿根廷人均GDP相对于美国的水平在1950年就达到52.2%，按照相对标准来看属于高收入国家，但是1950—1980年期间，阿根廷的人均GDP相对于美国没有出现追赶，甚至出现差距扩大的现象，1980年相对于美国下降到44.2%。1980年以后，阿根廷人均GDP相对于美国的水平明显下降，1990年下降到27.7%,此后则处于波动和徘徊状态。需要指出的是,阿根廷曾经是世界上最富裕的国家之一。按照2010年不变美元价格计算,1960年阿根廷人均GDP就已经达到5620美元,而1990年仅增长到5956美元,30年间仅有微弱的增长。此后,阿根廷人均收入在2000年达到8205美元,2015年达到10514美元,仍旧没有稳步进入高收入国家行列。按照不变美元价格计算,阿根廷人均GDP在1960—2015年期间的平均增长率仅为1.1%。从长期来看,这个增长速度属于低增长速度,导致阿根廷未能摆脱"中等收入陷阱"。

阿根廷长期的低速平均增长率伴随着较高的经济增速波动。1960—2015年期间,阿根廷有21年的时间,人均GDP是负增长。其中,经济增长率高于7%的年份共计12年;低于-3%的年份共计11年。这也表明,经济增长的稳定性较差。尽管这个国家曾经出现短期的高增长现象,但是往往不能维持。阿根廷的例子给我们的启示是,对于发展中国家,跨越"中等收入陷阱"不仅要有一个相对较高的经济增长率,而且经济增长要保持相对稳定。从这个意义上讲,只有"行稳"才能"致远"。

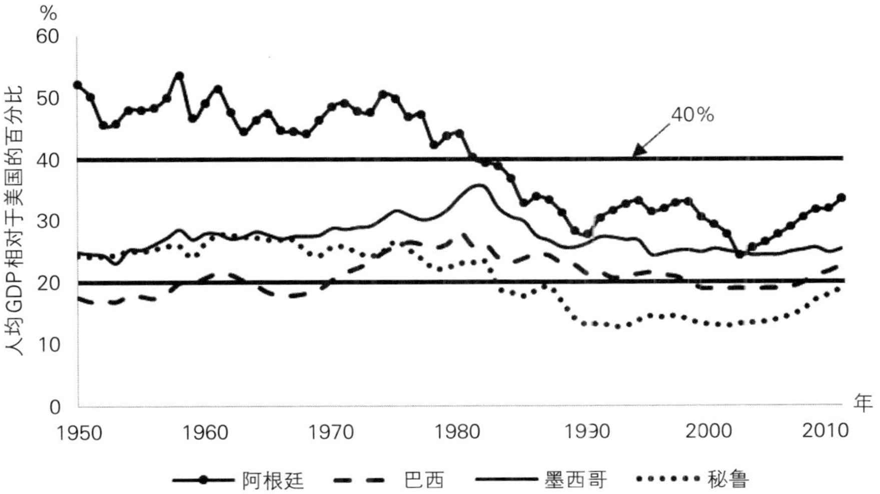

图1-6　拉美四国人均GDP相对于美国的水平(1950—2010年)

数据来源:The Maddison-Project, http://www.ggdc.net/maddison/maddison-project/home.htm, 2013 version.

按照世界银行对各类收入组的划分,阿根廷在2015年仍旧算是中高收入国家。如果按照PPP为标准的人均GDP相对于美国人均的水平,阿根廷在2010—2015年期间大致为35%—37%之间,而且近两年有所下降,算是典型的陷入“中等收入陷阱”的国家。与阿根廷类似,巴西、秘鲁和墨西哥则一直徘徊在中等收入国家的行列,人均GDP在20世纪80年代相对于美国呈现明显下降的趋势。迄今为止,拉美国家还没有从中等收入国家进入高收入国家。

3. 两类国家的比较

从根本上讲,中等收入国家进入高收入国家的前提是长期的经济高速增长。根据经济增长核算,经济增长率是要素投入的增长(包括劳动力和资本)、人力资本的增长和全要素生产率的增长的结果。从东亚地区经济体的经济增长分解来看,可以发现全要素生产率的增长是1970年以来保持较高经济增长率的重要原因。按照国际货币基金组织(IMF)的估算,这一期间中国的平均经济增长率和全要素增长率都是最高的,而前者的增长有一半是全要素生产率增长贡献的,韩国也是如此。中国香港地区、中国台湾地区和新加坡这三个地区,全要素生产率增长的贡献也超过经济增长率的1/3。相比之下,印度的全要素生产率增长对经济增长的贡献较低(详见图1-7)。

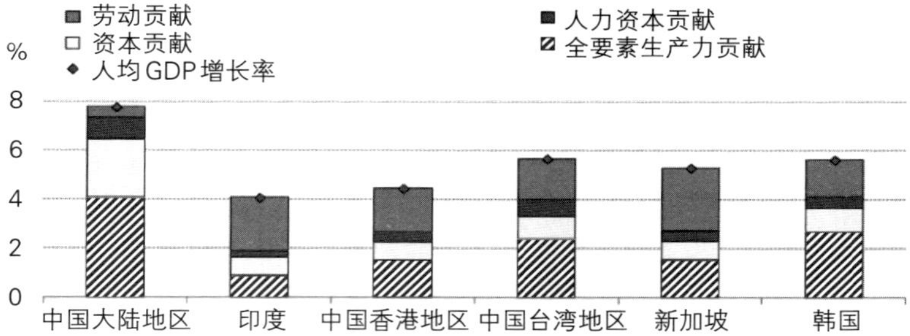

图1-7　六个亚洲国家和地区增长核算(1970—2009年)

注:中国大陆地区、中国香港地区、中国台湾地区、新加坡和韩国的测算时期为1970—2009年;印度的测算时期为1980—2009年。

资料来源:Shekhar Aiyar, Romain Duval, Damien Puy, Yiqun Wu, and Longmei Zhang, Growth Slowdowns and the Middle-Income Trap, IMF working paper, WP/13/71, 2013.

图1-8是四个拉美国家在20世纪70年代和80年代的经济增长率

和各个增长因素的贡献。从两个时期的比较来看,4个拉美国家的经济增长率出现了显著的下滑。其中,20世纪70年代,四个国家人均GDP增长率均为正,巴西的平均增长率达到了6%,墨西哥的平均增长率达到了4%,而阿根廷和墨西哥均低于2%。到了20世纪80年代,4个国家的经济增长率均为负数,其中秘鲁的经济增长率为-3.5%。从决定经济增长的各个贡献因素来看,4个国家均出现了全要素生产率的显著下滑。可以说,全要素生产率的下滑是这4个国家经济增长率下降的主要因素。此外,我们还可以看到,资本对4个拉美国家20世纪80年代的经济增长率的贡献也是负的。其中的原因是,全要素生产率的下滑抑制了投资,导致资本存量负增长。而上述6个亚洲国家

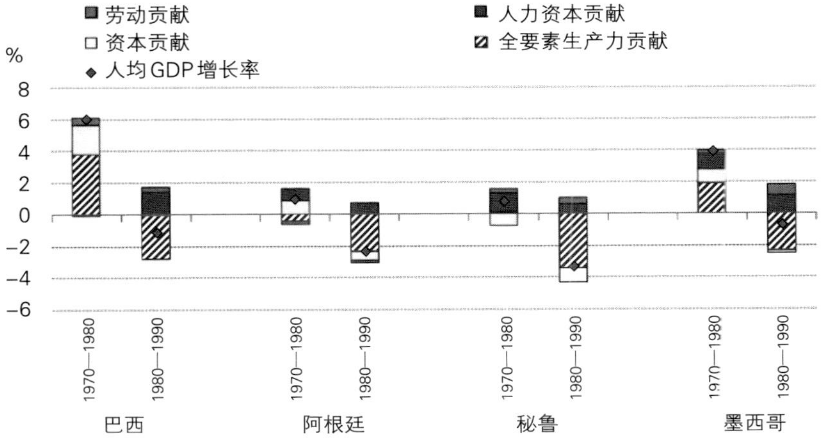

图1-8 四个拉美国家增长核算(1970—1990年)

资料来源:Shekhar Aiyar, Romain Duval, Damien Puy, Yiqun Wu, and Longmei Zhang, Growth Slowdowns and the Middle-Income Trap, IMF working paper, WP/13/71, 2013.

或地区，资本对于经济增长的贡献均是正的。这也表明，全要素增长率的提高促进投资，进而导致资本存量不断增长。

从以上两类国家的对比来看，我们可以总结出以下观点：从经济增长核算上，**全要素生产率的长期性增长是保持经济增长的关键，也是中等收入国家上升到高收入国家的主要驱动力**。进一步地讲，对于中等收入国家而言，跨越“中等收入陷阱”的本质是长期的、稳定的、高质量增长的必然结果，这体现在全要素生产率增长对经济增长的贡献和重要性上。

四、为什么会出现“中等收入陷阱”？

上文对于“中等收入陷阱”的统计和比较研究提出了一个重大的理论和实践问题，即为什么世界工业化已经进行了250年，而200多个国家或地区中只有少数成为发达经济体？为什么很多国家不能从发展中国家变成发达国家？或者说，为什么很多中等收入国家长期在中等收入阶段徘徊，迟迟不能进入高收入国家，甚至可能出现经济停滞或倒退呢？例如，拉美和东南亚国家就是两个典型的例子，数十年来，他们都未能跳出这个陷阱，而东亚国家或地区则顺利跨越“中等收入陷阱”，进入高收入国家或地区。

国际经验表明，一个地区的经济发展方式转变要经历三个阶段，第一阶段是从低收入到下中等或中等收入阶段，也是经济起飞阶段，总体上是传统经济发展模式，表现为要素高投入、空间低集聚、贸易低附加值、自然资源高消耗与环境高污染。第二阶段是从下中等收入到上中等收入阶段，这一阶段为转型期（见图1-9），这时有三种可能性：如果转型成功则经济保持持续增长或经济起飞，进入上中等收入；如果转型不成功，则停滞在原有的水平上；如果转型失败则可能中断经济起飞，落入“中等收入陷阱”，经济潜在增长率大幅度下降，并持续低迷。这一时期既是经济结构转型的阵痛期，也是经济增长方式转型的战略机遇。第三阶段的发展取决于第二阶段的经济结构转型。如果第二阶段的转型成功，则进一步向高收入或发达经济体过渡，表现为创新驱动，高度空间集聚，贸易高附加值、人与自然和谐发展、人与人的社会和谐。如果第二阶段的转型失败，则继续在“中等收入阶段”徘徊，落入“中等收入陷阱”。此外，经济增长的停滞也必将激化各种矛盾，导致政治不稳定加剧，使得国家发展落入“恶性循环”而难以摆脱。

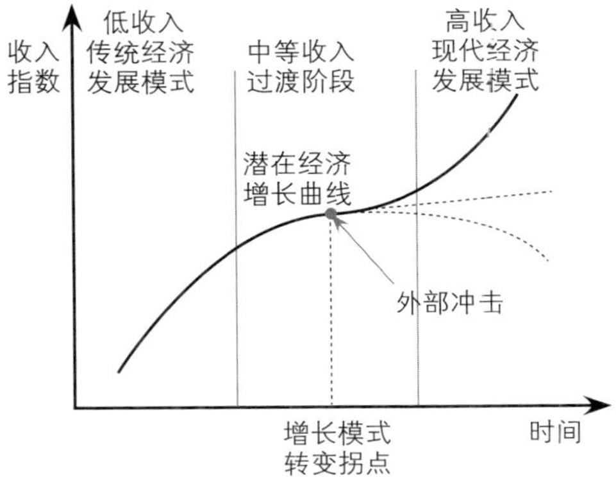

图1-9 “中等收入陷阱”理论模型

总体来说，对于发展中国家，如果其经济发展不是依靠资源出口（例如，部分中东国家），那么全要素生产率的增长是跨越“中等收入陷阱”的必要条件。全要素生产率对经济增长的贡献率，或者说全要素生产率能否持续提高，在很大程度上体现了资源配置的效率以及创新对于经济增长的贡献。在经济增长的实证研究中，一般可以把全要素生产率分为技术效率和技术进步两个方面的贡献。技术进步反映了一个国家技术前沿的进步，可以视为创新的影响；技术效率反映了一个国家在给定技术水平条件下投入要素的配置效率，可以视为市场机制的作用。总体而言，影响以上两者的因素，既可能是经济因素，也可能是非经济因素。总体来说，我们可以从经济、政治、社会和国际四个角度来分析。

从经济的视角来看，一个国家资源配置的效率往往受经济制度的影响。例如，苏联从斯大林执政时期实行计划经济体制，形成了所谓的“斯大林模式”或“苏联模式”。这种计划经济模式实际上也是苏联高度政治集权体制下的产物，在单一所有制的体制下，苏联模式实质上是一种命令经济。在特定的时期，这种模式也促进了苏联的工业化发展，使得苏联成为第二次世界大战中反法西斯的中坚力量。第二次世界大战以后，随着世界进入以“美苏争霸”为主要特征的冷战时代，苏联长期实施优先发展重工业、忽视农业和轻工业的发展战略，最终造成产业结构严重失调，人民的生活水平长期难以改善，这也成为影响苏联社会不满情绪累积以及最终苏联解体的重要原因之一。从某种意义上讲，苏联经济体制的一个根本问题是，经济体制的设定主要是服从于争夺世界霸权,而不是服务于提高人民生活水准。这也与中国实施改革开放之后的发展阶段形成鲜明的对比。

经济发展战略的失误也是导致全要素生产率停滞的重要原因。例如,阿根廷曾经是高收入国家,按照麦迪森的估计,1896年阿根廷的人均GDP高于美国(PPP,1990年国际美元),此后该比值呈现下降趋势,到1950年下降到52%。但是,按照相对标准衡量,仍旧属于高收入国家。然而,阿根廷在1950年以后没有抓住第二次世界大战后世界工业化发展的良机,长期依赖初级产品的出口,未能有效进行产业结构调整和提升竞争优势,同时在国内政局不稳定的条件下,推行新自由主义经济政策,导致宏观经济不稳定,债务危机以及恶性通货膨胀破坏了经济增长的基础。到2002年,阿根廷与美国人均GDP的比值下降到历史最低点,只达24.3%。可以说,阿根廷是典型的由高收入国家落入中等收入国家并长期陷入“中等收入陷阱”的国家。按照世界银行的统计(PPP,2011年国际美元),2015年阿根廷的人均GDP为美国的35%,甚至低于2011年的水平,可以说突破“中等收入陷阱”仍旧面临挑战。实际上,其他拉美国家也具有类似的经历。总体而言,在过去的60年中,拉美经济基本上是在进口替代战略和新自由主义战略之间摇摆。而东亚国家则适应了经济全球化的客观需求,成功实施了出口导向的经济政策,适应全球化带来的新趋势和新挑战,不断创造新的竞争优势,提升自身的国际竞争力。

从长期来看,技术进步是推动全要素生产率持续增长的根本原因。没有技术进步推动,全要素生产率最终会随着资源配置优化的完成而进入停滞。从一个国家的技术进步来讲，要么依靠引进外国的技术推动本国的技术进步，要么依靠本国的自主创新能力，通过本土创新实现技术进步。特别是，当一个国家的技术能力已经接近世界技术前沿，创新能力对全要素生产率的增长会发挥至关重要的作用。从世界上的高收入国家来看，除了老牌的资本主义发达国家和依赖资源出口的国家以外，后进入高收入国家行列的国家和地区之所以成功跨越"中等收入陷阱"的关键因素是创新的支撑作用。

一个国家或地区的创新能力取决于两个方面的创新投入，一是创新资本投入，二是创新人才供给。从创新投入来看，一般以研发费用支出占国内生产总值的比重来衡量一个国家的创新投入强度。我们将韩国和其他落入"中等收入陷阱"的典型国家进行对比。例如，从创新投入（研发费用支出占GDP的比重）来看，韩国2003年达到2.64%，居世界第7位，而马来西亚、阿根廷分别为0.69%和0.41%，世界排名均在40名以后。从创新人才供给来看，2006年，韩国每千人中的研发人员达到4.8人，而马来西亚和阿根廷则分别只有0.42人和1.1人，韩国分别是后者的11.4倍和4.4倍。从劳动力素质看，韩国2007年劳动力中具有大学以上教育程度的比重为35%，而马来西亚、阿根廷分别为20.3%和29.5%。

从另外一个角度讲，当一个国家进入中等收入阶段，没有创新能力就很难保持全要素生产率的长期持续增长。这是因为，一个国家在中等收入发展阶段（特别是中高收入阶段），随着人均收入水平的提高，各类生产要素成本上升，资本投入边际报酬递减，劳动密集型比较优势在不断减少,这也在客观上提出了经济转型的要求,即通过创新实现经济增长模式的转换。如果实现不了这一转型,则经济增长失去新的动力,潜在增长率大幅度下降甚至持续低迷,迟迟进入不了高收入阶段。

从国际经验来看,中等收入发展阶段,也是社会结构出现明显分化的阶段,伴随着剧烈的社会结构转型,社会各阶层的利益分化明显,社会问题加剧。例如,19世纪末20世纪初,美国在经济起飞过程中,曾经出现过经济危机周期性爆发、社会贫富两极分化、政治腐败十分普遍、阶级矛盾恶化的现象。从更早期的资本主义国家,例如英国、法国、德国等资本主义国家的发展历史来看,也同样经历过类似的过程。

社会不稳定因素激增既是一国经济发展的产物,也会直接影响一国经济发展。这是因为,在经济发展过程中,特别是在高速经济发展时期,经济发展往往会出现各种形式的不平衡,不可避免地会造成不同人群之间的收入分配差距拉大,进而引发社会矛盾。处于中等收入发展阶段的国家,如果收入分配不公平持续恶化,也会降低这类国家突破“中等收入陷阱”的可能性。现有的实证研究表明,收入不平等有碍于经济增长,特别是对于没有进入高收入发展阶段的国家。[①]对于处于中等收入的国家,收入不平等至少会从两个渠道对经济增长造成

---

① 相关的文献可以参见:Robert J. Barro (2000). Inequality and Growth in a Panel of Countries, *Journal of Economic Growth,* 5: 5 - 32; Dierk Herzer, Sebastian Vollmer (2012). Inequality and growth: evidence from panel cointegration, *The Journal of Economic Inequality*, 10: 489-503.

负面影响，进而降低跨越“中等收入陷阱”的可能性。

一方面，随着一国进入中等收入水平，该国的国民对于人力资本投资的需求必然提高，使得全社会对高质量教育的需求快速提高，进而提高了这类教育的成本。但是，处于社会中低收入群体的家庭由于收入增长相对较慢也制约了他们投资于子女人力资本的能力，限制了未来子女的上升空间，最终导致人力资本的实际增长水平低于潜在增长水平，使得人力资本的增长不能有效支撑该阶段经济增长对人力资本的要求。

另一方面，在中等收入阶段，收入分配恶化必然加剧社会分化，社会凝聚力下降。这是因为，在收入分配处于优势地位的利益集团为了维持既得利益会阻挠有利于公平分配的改革措施，最终形成了收入分配的阶层利益固化，代际间的社会流动性降低，以及利益集团与普通民众的对立，进而成为激化社会矛盾的直接诱因。更进一步地讲，代际间的流动性的降低也意味着，处于收入分配劣势的群体不能够获得公平的发展机会。从某种意义上讲，收入分配的恶化往往是因为缺乏有效制约不公平收入分配结构的制度安排，形成了权力与资本的结盟。

许多拉美国家在20世纪70—90年代经历了长期停滞，甚至负增长，直到现在还没有摆脱中等收入陷阱。它们的经济停滞时期也都是收入差距很大、社会两极分化特别严重的时期，基尼系数高达0.5—0.6。这些国家都经历过军事独裁统治时期，搞权贵资本主义，权力与资本勾结掠夺社会，扩大了收入差距，造成社会冲突、政权更迭。有些时候左派政府上台,又过度反弹,转向搞平均主义,影响了市场的作用。这种左右摇摆、社会动荡的局面,严重影响了经济发展。

收入不平等往往与其他因素共同作用威胁社会稳定,这些因素极可能是造成收入不平等的原因,也可能与收入不平等的影响有关。例如,1960年以后,诸多中等收入国家陷入“中等收入陷阱”的重要原因是社会发展停滞,例如腐败与裙带关系盛行、行政司法不公等社会问题,这些问题本身就是造成收入分配不公平的原因。此外,社会分配不公平又会导致政府的再分配能力不能满足社会稳定所需要的再分配水平。例如,收入分配差距急剧扩大导致政府公共服务支出需求扩大,但是在给定政府预算收入的条件下,不断膨胀的公共服务需求导致公共服务短缺。贫富两极分化、阶层流动固化、政府公共服务短缺等问题的直接结果就是社会对政府部门的不信任感加剧、信仰缺失、社会心态失衡、社会不满情绪累积、各种激进的思想(无论是宗教还是世俗的)不断涌现等。这些问题将直接成为社会冲突爆发的源头。如果没有健全的社会政策去化解这些矛盾,这些矛盾将加剧社会发展的脆弱性,进而引发社会危机,甚至是政治危机,最终影响投资、导致经济增长停滞甚至衰退。经济发展停滞与社会发展停滞相互交织在一起,形成恶性循环,进而陷入“中等收入陷阱”。

在贫富差距扩大加剧社会分化以及激化社会矛盾的同时,社会矛盾的激化又直接诱发社会动荡、政治分裂以及政府和普通民众的对峙,导致最初以街头民主为表现形式的抗议转化为反政府的暴力事件,导致政府更迭甚至垮台。事实上,收入差距扩大不只对中等收入国家的社会稳定以及政治格局产生影响，对于发达国家也同样如此。

从政治的视角来看，中等收入阶段不仅是各种经济变量和社会结构剧烈变动的时期，也是政治结构急剧变化和重新组合的时期，三者之间存在着复杂的交互作用。长期的经济发展停滞导致的人民不满情绪累积，往往也导致政治不稳定，而政治不稳定又会加剧经济和社会问题的恶化程度。反过来说，如果保持政治稳定，政府更有机会去解决经济问题和社会问题；而政治失控只能加剧经济问题和社会问题的恶化程度。从这个意义上讲，稳定的政治环境是最重要的公益性产品，其本身就是跨越“中等收入陷阱”的最重要的前提条件。依据国际国家风险指南（International Country Risk Guide，ICRG）数据库，1990年东亚经济体中日本、中国台湾地区、新加坡、韩国的政府稳定性（Government Stability）分别为7.25、8.92、8.08、8.67，显著高于陷入“中等收入陷阱”的拉美经济体，如阿根廷为6.58、秘鲁为4.00。**稳定的政治结构构筑了跨越“中等收入陷阱”最为重要的基石。**

政治不稳定的极端形式就是政府更迭以及国家分裂。一般来说，政府更迭以及国家分裂的后果不仅仅是短期的经济增长下滑，更有甚者会导致这类国家直接掉进“中等收入陷阱”。20世纪80年代末90年代初，苏联解体、东欧社会主义国家纷纷转向资本主义市场经济，这也导致这些国家的经济发展出现停滞甚至负增长。1990年，苏联解体前，俄罗斯的人均GDP（PPP，2011年国际美元）相当于美国的55.1%，按照相对标准来看，相当于高收入国家；苏联解体后，该指标持续下降，1998年下降到最低水平（26.4%），随后逐步上升，2007年首次突破

40%，落入“中等收入陷阱”近20年(1993—2006年期间)。此外，2007—2015年期间该比率基本上徘徊在43%—47%之间，没有明显继续上升的势头。特别是2012年以后出现了明显的下降，这在很大程度上是因为俄罗斯的经济表现高度依赖能源价格走势，而2012年以来全球大宗产品走势降低也导致了该国经济增长乏力。以上数据表明，从苏联解体至今，俄罗斯相对于美国的经济发展水平仍旧没有恢复到解体前。

最近的一个从高收入国家直接跌入中等收入国家的国家是利比亚。2010年底，被冠以“阿拉伯之春”的革命运动席卷了中东地区，突尼斯、埃及、利比亚、叙利亚等国家爆发了内战和政府更迭。其中，利比亚和叙利亚两个国家爆发的战争至今没有得到妥善解决，直接导致经济发展大幅度下降，人民生活水准急剧下降。以利比亚为例，2003年利比亚的人均GDP(PPP，2011年国际美元)是美国的49%，属于高收入国家。而且，随着2003年联合国解除了因1988年洛克比空难和1989年法国联航空难事件对利比亚实施的长达11年的制裁，2003—2010年期间利比亚的经济呈现一定的增长态势，2010年人均GDP提高到美国的58%。然而，2011年爆发的利比亚内战直接导致国家经济的崩溃，人均GDP相对于美国的水平直接下降到2011年的21.8%。整体来看，2011年以后，随着利比亚进入所谓的“后卡扎菲时代”，国家基本上处于分裂状态，并且与叙利亚一起共同催生了欧洲规模巨大的难民问题。

除了上述的经济问题、社会问题以及政治问题以外，外部因素也是影响一个国家是否陷入“中等收入陷阱”的重要原因。一个典型例子就是1997年亚洲金融危机对东南亚新兴经济体的冲击。从图1–5我们可以看出,金融危机使得东南亚国家改变了趋势增长路径,丧失了跨越“中等收入陷阱”的机遇。而且,金融危机直接演化为经济危机,进而导致严重的社会危机和政治危机,这包括失业人口迅速上升,贫困人口大幅度增加,个人收入明显下降,犯罪和暴力事件激增,导致人们对经济与社会前景、公众与政府信誉失去信心。

从这个意义上讲,经济全球化本身就是双刃剑,一国危机殃及周边国家,大国危机更是殃及全球。2008年,由美国次贷危机引发了全球金融危机,这次金融危机被认为是“百年一遇”,对世界经济体系和金融体系造成巨大冲击,其负面影响几乎波及每一个国家。对于诸多发展中新兴经济体而言,美国次贷引发的金融危机具有巨大的负外部性,成为这些国家经济发展的外部冲击。正所谓“城门失火,殃及池鱼”,美国次贷危机演化成全球金融危机,打断了部分新兴经济体经济快速增长的势头。按照相对标准衡量,只要中等收入国家不能以超过美国的人均GDP增长速度,就不会实现跨越“中等收入陷阱”。从2004年以来的经济增长来看,世界经济从危机前(2006—2007年期间)接近5%的增长,下降到近年来(2014—2015年期间)3%左右的增长率。其中,新兴及发展中经济体由8%的高增长率下降到2015年的4.3%,与发达经济体的经济增长速度差异从2007年的5.76个百分点下降到2015年的2.37个百分点,尽管仍保持追赶势头,但是势头明显减弱。[1]

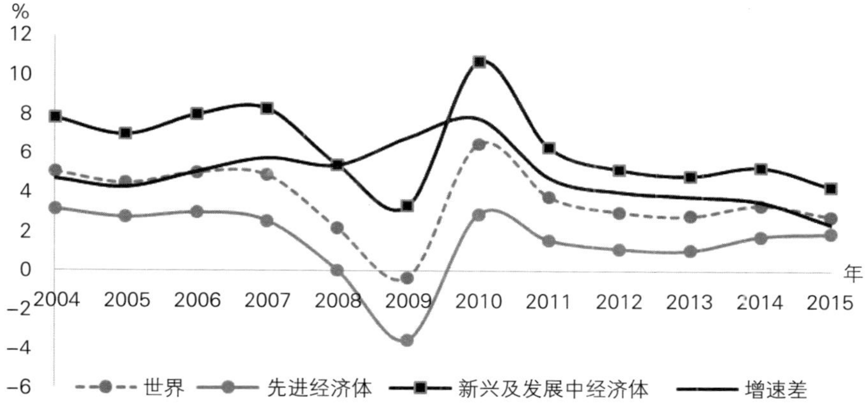

图 1-10　全球金融危机前后世界经济增长情况(2004—2015 年)

数据来源:IMF。

2008 年爆发的全球金融危机至今已近十年,但其影响尚未真正结束,世界经济仍旧处于这一金融危机的深度调整过程中。特别是,在应对金融危机的过程中,美联储在 2008 年 11 月到 2012 年底先后实施了四轮“定量宽松”政策,这项政策稳定了美国金融体系,也刺激了美国经济增长。然而,随着美国经济在发达经济体中率先复苏,美联储于 2014 年初期开始逐步退出“定量宽松”政策,这对全球金融市场产生巨大的影响,加剧了新兴经济体的资本市场波动性,并在一定程度上产生了资本外流的压力,成为后金融危机时代全球经济的一个隐

① 其中,巴西和俄罗斯的经济遭受重创,经济增长在 2009—2015 年期间的若干年份甚至出现负增长。

患。从这个意义上讲，美国先是由于次贷危机成为2008年全球金融危机的“始作俑者”，然后又通过“定量宽松”等经济政策率先实现经济复苏。随着美国退出定量宽松政策以及相伴随的美元加息，这将给全球金融市场，特别是发展中国家的资本市场造成不确定性，进而也影响新兴经济体的经济复苏。

综上，我们可以得出如下结论：一个国家并不必然或自然而然地从中等收入进入高收入，“中等收入陷阱”这一现象是一系列的经济、社会、政治和国际因素相互作用的综合结果。从第二次世界大战以后发展中国家的经济增长实践来看，没有哪个国家可以以一种固定的经济增长模式维持长期稳定的增长。经济发展模式具有阶段性的特征，在不同收入水平时期，经济发展基础条件（包括优势条件和制约因素）不同，外部的机遇和挑战也不同，因此经济发展模式也应该相应调整。对于陷入“中等收入陷阱”的发展中国家而言，如果经济发展模式不能顺应内外部条件的变化而及时调整，必将导致原有增长模式潜在的风险不断累积放大，最终导致经济危机，引发政治危机和社会危机，甚至形成三者之间的恶性循环，使得经济进入持久性的停滞以及衰退。

从另外一个角度讲，即使一个国家处于经济增长速度较快时期，但是如果不能很好地处理经济发展过程中出现的社会问题以及维持国家的政治稳定，内部的政治和社会危机可能成为经济增长的“刹车器”。从这个意义上讲，避免“中等收入陷阱”不仅仅是一个经济问题，非经济的因素往往是导致一个国家陷入“中等收入陷阱”的直接原因。或者说,单纯的经济增速下滑只是一个表面现象,更为本质的问题是如何处理在经济增长过程中一系列阻碍增长以及造成经济增长不稳定的各种内部和外部挑战。

上述国际经验与教训的分析和总结,为我们认识和理解什么是“中等收入陷阱”,为什么会陷入“中等收入陷阱”,以及对如何防止并跨越“中等收入陷阱”提供了重要启示和参考,他山之石可以借鉴,别国走过的弯路更值得警戒。当然最关键的是,中国如何创新自己的发展道路,按照邓小平同志所构想的中国式现代化“三步走”战略构想,不仅能够成功跨越“贫国陷阱”,还能够成功跨越“中等收入陷阱”,未来还要迈向高收入水平,实现“两个百年奋斗目标”。

第2章　中国为什么会成功跨越“贫困陷阱”？

ZHONGGUO

KUAYUE ZHONGDENG SHOURU XIANJING

从一个国家的发展历程来看，在不同阶段都可能面临重大任务与重大挑战，在各个发展阶段均有可能出现发展停滞的状态。在低收入阶段，经济增长难以实现起飞，人类发展滞后，政治不稳定与社会动荡往往也会导致一个国家的发展陷入恶性循环。例如，非洲有很多国家至今没有摆脱贫困状态，陷入了“贫困陷阱”。在中等收入阶段，诸多国家陷入“中等收入陷阱”。即便跨越“中等收入陷阱”，也有可能陷入“高收入陷阱”，例如日本。

针对中国是否能够成功应对中等收入阶段的挑战，成功跨越“中等收入陷阱”，我们有必要理解中国是如何跨越“贫困陷阱”的。从世界经济发展史看，中国跨越“贫困陷阱”与中国改革开放以来高速增长的“经济奇迹”都是世界经济发展史上具有里程碑意义的重大事件。认识中国如何跨越“贫困陷阱”对认识如何面对“中等收入陷阱”挑战具有重要意义。

以下首先给出基于多维贫困的分析框架，然后介绍改革开放之前以及之后中国减贫的成就；在此基础上，从经济发展和中国实施扶贫开发政策两个方面解释中国为什么能够创造世界的“减贫奇迹”。最后，我们还通过国际比较进一步说明中国的减贫成就以及对世界减贫事业的贡献。

一、多维贫困的分析框架

贫穷，是文明社会的顽疾。根据世界银行公布的数据，截至2015年底，全世界仍然约有10%的人口（大约7亿人口）处于贫穷状态。正因为贫困的顽固性，消除贫困也就变成了人类的共同使命。2000年9月，189个国家在联合国峰会上达成了历史性的《联合国千年宣言》，提出了八个千年发展目标，被誉为消除人类贫困的全球公约。[①]

毫无疑问，深入理解贫困对于发展具有重大意义。人类社会对贫困这一概念的认识是不断演变、不断深化的。1998年诺贝尔经济学奖得主阿玛蒂亚森认为，应该从概念上将贫困定义为能力不足而不是收入低下。从这个意义上讲，导致贫困的根源是能力、权利和福利的被剥夺。因此，收入低下只是贫困的一般表象，而能力不足以及制度性因素导致的不公平和不公正则是导致贫困更深层次的原因。

基于对贫困多维度的认识，胡鞍钢（2009）提出了基于四个维度的贫困类型，[②]包括收入贫困、人类贫困、知识贫困和生态贫困。其中，收

---

① 《联合国千年宣言》MDG提出：到2015年，着力实现如下目标，包括消灭极端贫穷和饥饿；普及小学教育；促进男女平等并赋予妇女权利；降低儿童死亡率；改善产妇保健；与艾滋病毒/艾滋病、疟疾和其他疾病作斗争；确保环境的可持续能力；全球合作促进发展。

② 胡鞍钢：《中国减贫之路：从贫困大国到小康社会（1949—2020）》，见潘维主编：《中国模式：解读人民共和国的60年》，中央编译出版社2009年版。

入贫困(income poverty)是指物质条件的匮乏,缺乏最低水平、足够的收入和支出,难以维持基本的生存条件。收入贫困是关于贫困测量中最广泛的使用指标。在国际上,世界银行利用国际贫困线定义绝对贫困。

人类贫困(human poverty)是指缺乏基本能力,例如不识字、营养不良、缺乏卫生条件、平均寿命短等。这一概念是UNDP在《1997年人类发展报告》提出的概念,并且提出了人类贫困指数(Human Poverty Index,HPI)。[①]

知识贫困(knowledge poverty)是指创造、获取、交流、应用知识能力的匮乏,或途径的缺乏,也就是对人们获得、吸收和交流知识的能力和途径的剥夺。这里的知识是广义的,包括科学与技术、教育培训、信息与网络。知识贫困包括获取知识能力的贫困、吸收知识能力的贫困和交流知识能力的贫困。

生态贫困(ecological poverty)是由于基本生存环境的恶劣而导致的基本生存资料的获取受到极大限制,以至于无法实现摆脱贫困状况;更有甚者,由于个体的贫困状况有可能加剧贫困人口对于生存环境的资源使用,进而导致生存环境的进一步恶化,生态的脆弱度进一步加剧,超过其承载能力而不能满足生活在这一区域人们的基本生存与生产需要。

① 根据《1997年人类发展报告》,人类贫困指数包括:不能活到40岁人口比例;成人文盲率;无法获得安全饮用水的人口比例;无法获得卫生服务的人口比例;5岁以下儿童中等或严重体重不足的比例。

作为顽症，导致贫困的原因往往是多方面的，同时也伴随其他特征，体现为一种“综合征”。世界银行在《世界发展报告2000—2001》中认为，贫困者具有三个动态特征：第一，缺少机会参与经济活动；第二，在一些关系自己命运的重大决策上没有发言权；第三，易受到经济及其他冲击的影响，如疾病、粮食危机、经济萧条等。这说明，贫困不单纯是低收入的问题，还体现在发展机会、社会平等和政治参与等诸多方面。

印度经济学家阿比吉特·班纳吉和法国经济学家埃斯特·迪弗洛对世界五大洲的18个国家和地区进行了长达15年针对贫困人口在日常生活、教育、健康、创业、援助、政府及非政府组织等方面的深入研究。在两人的合作著作——《贫穷的本质》中总结了导致贫困的四个主要方面原因，包括动荡的社会局势、恶劣的自然环境、落后的教育水平以及社会救助机制的缺位。他们的研究实际上与胡鞍钢的多维贫困视角是一致的，均反映了导致贫困的根源不是单一的。

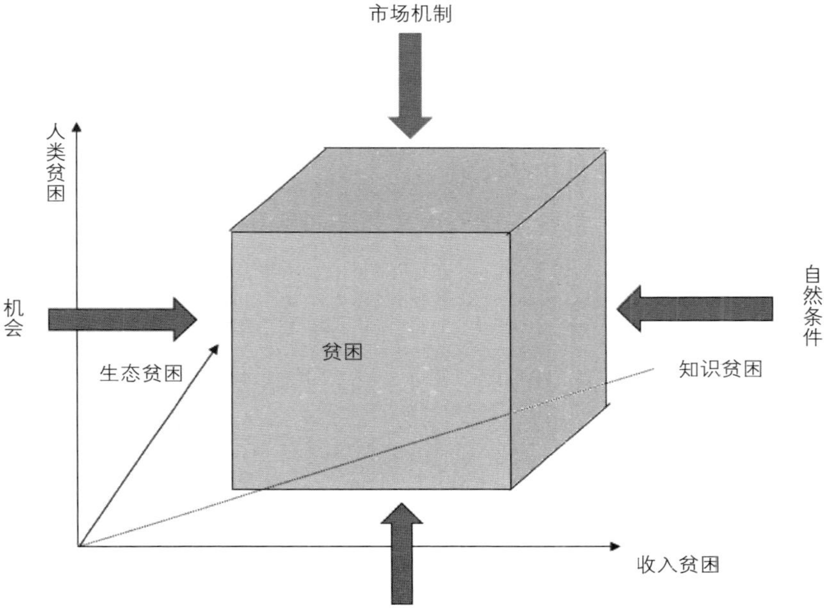

图2-1　贫困的多维度分析框架

二、近代发展的落后使得中国成为世界贫困大国

解决贫困最终还是要靠发展,而减少贫困本身也是发展的重要内容之一。从经济发展史来看,世界各国经济发展在过去的200年发生了剧烈变化。18世纪以来,随着资本主义的兴起以及工业革命的推动,世界经济进入现代经济增长时期,发展不平衡也成为这一时期发展的重要特征。随着工业革命对于世界经济的重塑、世界市场的逐步

形成以及世界秩序尚未稳定，在发展极不平衡的近代世界中，贫弱意味着挨打，挨打则进一步加剧贫弱。

从历史来看，1820—1950年期间，中国逐步演化为世界现代化的"落伍者"。这一时期是中华民族历史上遭受外部侵略最严重的时期，西方大国（包括日本）都曾不同程度地侵略过中国，中国不仅不是世界现代化的参与者，而且成为西方列强侵略的受害者。按照麦迪森的计算，1820—1950年期间，世界人均GDP提高了2.16倍，美国人均GDP提高了8倍，日本人均GDP提高了1.88倍，西欧提高了2.73倍。而这一时期，也是中国从世界经济强国走向衰落的时期，从世界经济实力最强的国家变为世界上的经济弱国，人均收入水平降到了中国历史的最低点，不足世界平均水平的1/4，位居世界后列。1820年，中国人均GDP略低于日本和世界平均水平，而到了1950年中国人均GDP（按照1990年国际美元）降为439美元，比1820年下降了27%。[①]按照麦迪森的统计，中国人均GDP在1700—1952年期间长达250多年的历史时期中，平均的人均GDP是负增长的，这也是中国开启工业化进程的历史背景。

① 胡鞍钢著：《中国政治经济史论（1949—1976）》（第2版），清华大学出版社2008年版，第24—32页。

表2-1 主要大国和地区的人均GDP增长率比较(1700—2015年)

	1700—1820年	1820—1952年	1952—1978年	1978—2003年	2003—2015年
中国	0	-0.08	2.34	6.57(8.31)	9.15
印度	0	0.10	1.81	3.27	6.11
日本	0.10	0.95	6.66	2.11	0.82
欧洲	0.22	1.03	3.56	1.79	
美国	0.62	1.63	2.10	1.85	0.91
苏联/俄罗斯	0.19	1.04	3.15	-0.78	3.05
世界	0.09	0.92	2.56	1.55	2.58

数据来源:[英]安格斯·麦迪森著,伍晓鹰、马德斌译:2008,《中国经济的长期表现》,上海人民出版社2008年版,第37页(1700—2003年期间的数据);中国数据括号内系中国国家统计局数据;2003—2015年数据系世界银行数据库:http://data.worldbank.org/indicator/NY.GDP.PCAP.PP.KD?

中国在近代落后挨打的一个根本原因是缺乏一个强有力且具有现代化意识的国家政权的领导,这是中国不能有效应对世界工业革命的重要原因,也是中国不能发动工业化和现代化的根本原因。

三、中国计划经济时期的发展成就

1949年新中国成立后,中国才正式发动工业化,开启了中国现代化建设的“追赶”历程。从发动工业化的历史起点来看,中国比发达国家进入现代经济发展时期已经晚了100－200年的时间。新中国成立之初，中国的发展状况可以简单地概括为“一穷二白”。[①]因此，如何通过工业化推动经济发展和提高人民收入，以及如何通过发展科教文卫事业提升国民素质，成为国家发展的迫切需求和首要目标。

总体而言，新中国成立以后一直到改革开放之初，中国的社会主义建设并非是一帆风顺的。尽管如此，中国的社会主义建设事业还是取得了中国发展史上前所未有的成就。从人均收入水平来看，按照麦迪森的计算，1952—1978年期间人均GDP年增长率为2.34%，大大高于新中国成立之前的水平。按照1990年国际美元计算，中国在1982年的人均GDP水平显著高于1950年，达到1186美元。但是，这一时期，也是战后资本主义以及部分发展中国家大发展的时期，世界人均GDP增长率达到2.56%。因此，尽管这一时期中国取得了显著的发展成就，但是仍旧没有充分利用历史机遇实现更好的发展。

从贫困状况来看，中国在新中国成立初期整体处于极度贫困状况。按照人类贫困来看，中国在当时是极低人类发展水平国家。在计划经济时期，中国的贫困状况应当说得到了显著改善。例如，中国在教育和健康领域取得了巨大进步：人均预期寿命从1950年的35岁上升到1982年的67.77岁；婴儿死亡率和孕产妇死亡率大大下降；人均受教育年限从1年上升到4.6年。

① 毛泽东在1956年撰写的《论十大关系》中，在“中国和外国的关系”中指出：“我们一为‘穷’，二为‘白’。‘穷’，就是没有多少工业，农业也不发达。‘白’，就是一张白纸，文化水平、科学水平都不高。”

在健康领域所取得的成就,在很大程度上是中国公共卫生事业发展的结果。例如,新中国成立以后,在党和政府的领导下,通过动员人民群众,中国展开了持续的、覆盖全国城乡的爱国卫生运动,很多流行性疾病(如天花、霍乱等)得到了控制。此外,中国在人均收入水平还处于极低水平的条件下,建立了初级的公共卫生体系。从20世纪60年代到80年代,农村地区推行的赤脚医生和合作医疗制度为广大农村基层地区提供了基本的、可及的、可负担的医疗卫生服务和保障,成为提高预期寿命的重要因素。

中国的卫生成就可以从国际比较中得到印证。1977年,中国的人均寿命为65岁,与当时的墨西哥相当,远远高于同期的印度(为53岁)。而按照麦迪森的数据,墨西哥的人均GDP在1977年是中国的6倍,而印度的人均GDP也高于中国。从这个意义上讲,中国在计划经济年代,在人均收入水平还是极低的情况下,取得了人类史上卫生事业发展的奇迹。关于这一点,世界银行在《1993年世界发展报告》中给予盛赞,该报告指出,“中国到70年代末期,医疗保险几乎覆盖了所有的城市人口和85%农村人口,这是低收入国家举世无双的成就”。

同样地,在计划经济时期,中国在教育发展方面也取得了举世瞩目的成就,主要体现在扫除青壮年文盲和普及初等教育。新中国成立初期,中国的文盲率达到80%,农村的文盲率甚至高达90%以上。新中国成立伊始,中国就开展了大规模的扫盲运动,大大降低了青壮年的文盲率,同时传授生产知识、生活知识和卫生常识。到了1981年,中国共扫除约1.4亿的文盲人口。导致文盲率大幅度下降的另外一个重要因素是中国初等教育的发展。1949年以前,中国的小学入学率只有25%左右。但是在1952年,中国的小学学龄儿童入学率就上升到49.2%,到了1975就已经达到了96.8%。[①]与此同时,小学升学率和初中升学率也在改革开放之前呈现不断提高的趋势。在这里也需要指出的是,"大跃进"和"文化大革命"对中国的教育事业也具有明显的负面影响。例如,1962年的小学学龄儿童入学率和初中升学率显著低于1957年,1970年的小学升学率和初中升学率均低于1965年。但是,总体上来讲,中国的初等教育事业在改革开放之前还是取得了显著的成就。

按照世界银行《1983年世界发展报告》和《1984年世界发展报告》的数据,中国在1980年的成人识字率已经达到69%,1981年的中等教育入学率达到44%,均明显高于大多数低收入国家,与当时下中等收入国家相比也位居前列。相对于新中国成立之初的经济发展水平,这无疑是一个巨大的发展成就。

表2-2 中国初等教育事业的发展(1952—1985年)

单位:%

年份	初中升学率	小学升学率	小学学龄儿童净入学率
1952	168.6	96.0	49.2
1957	39.7	44.2	61.7

① 李玲:《人力资本、经济奇迹与中国模式》,见潘维主编:《中国模式:解读人民共和国的60年》,中央编译出版社2009年版。

续表

年份	初中升学率	小学升学率	小学学龄儿童净入学率
1962	30.0	45.3	56.1
1965	70.0	82.5	84.7
1970	38.6	71.2	
1975	60.4	90.6	96.8
1978	40.9	87.7	95.5
1979	37.6	82.8	93.0
1980	45.9	75.9	93.9
1985	41.7	68.4	96.0

数据来源:国家统计局国民经济综合统计司编:《新中国六十年统计资料汇编》,中国统计出版社2010年版。

综合新中国成立以来的经济、教育和卫生发展,1950—2015年期间的发展可以划分为两个阶段,即1950—1982年和1982—2015年,大致对应于计划经济时期和改革开放以后两个新中国成立以来的主要时期。从表2-3可以看到,在计划经济年代,中国的人均GDP增长迈出了"一小步",而对于教育和医疗等领域的发展则是跨出"一大步"。这也表明,尽管中国在计划经济时代经历过"大跃进"和"文化大革命"这样的大挫折,但是计划经济年代还是为改革开放以后的经济发展做好了人力资本投资,这也是改革开放以后中国取得经济奇迹的重要支撑。此外,我们也可以看到,1982—2015年期间,经济发展和教育事业发展迈出了"一大步",卫生事业又进一步得到发展。

表2-3　中国经济、教育和卫生指标的发展(1950—2015年)

	1950年	1982年	2015年
人均GDP(2011年国际美元)	172	802	13572
人均受教育年限(年)	1.0	4.6	10.23
人均预期寿命(年)	41	67.77	76.34
婴儿死亡率(‰)	200	37.61	8.1
孕产妇死亡率(每十万人)	1500	100	20.1
人类发展指数(HDI)	0.145	0.423(1980)	0.738 UNDP

数据来源:人均GDP(PPP,2011年国际美元),2015年数据来源:世界银行数据库,1950年、1982年根据2011年国际美元折算;人均预期寿命数据来源:国家统计局编:《中国统计摘要(2016)》,中国统计出版社2016年版,第18页;劳动年龄人口平均受教育年限,系作者根据历次全国人口普查数据推算;婴儿死亡率、孕产妇死亡率数据来源:国家统计局编:《中国统计年鉴(2016)》,中国统计出版社2016年版,第725页;2016年人类发展指数(HDI)数据来源:联合国开发计划署《2016年人类发展报告》,表2,1950年、1982年数据系作者计算。

四、经济发展与减少贫困

经济发展是减贫的必要条件,没有经济发展,贫困人口就更难以获得改善收入和提高生活水平的机会。从根本上来讲,中国减贫事业的大幅度进步主要是改革开放以后取得的,这与中国改革开放以后快速的经济增长密切相关。人们通常用“摸着石头过河”来形容1978年以来的改革开放历程。从根本上说,在改革开放之初,中国并没有一个标准的“发展蓝图”,各项改革措施的实施基本上是为了满足当时经济社会发展的客观需要,并根据在政策实施过程中所出现的问题进行调整。或者说,改革开放以后的经济改革,在很大程度上体现为适应性的特征。总体来说,中国经济改革的目标是非常明确的,那就是要发展经济,不断提高人民的生活水平。从整体来看,经济改革的过程是有序的,具有明显的阶段性。从1978年开始,中国的经济改革经历了若干个阶段,每个阶段的改革重点不同,但是从根本上来说,都有一个共同的特征,就是为人民创造经济机会。

1. 农村经济改革与贫困人口减少

中国的经济改革起源于农村的家庭联产承包责任制的实施。这项改革是典型的顺应农民发展要求的制度变革,或者说是诱致型的制度变迁,对改革开放初期中国的减贫事业发挥了根本性的作用。需要指出的是,尽管中国在计划经济年代显著地降低了人类贫困,主要是降低了体现在教育和健康领域的人类贫困,但是收入贫困问题依然十分突出。中国在改革开放之初,仍旧是一个人均收入水平极低的国家。按照麦迪森的统计,1978年中国的人均GDP为979美元(PPP,1990年国际美元),与印度相当,但是明显低于57个非洲国家的平均值(1439国际美元)。[①]按照国际贫困线标准,1978年中国还有7.3亿贫困人口,相当于总人口的76%左右,中国人的吃饭问题还没有得到

① [英]安格斯·麦迪森著,伍晓鹰等译:《世界经济千年史》,北京大学出版社2003年版,第302、325页。

根本性的解决。1979年4月,时任国务院副总理李先念首次承认,1978年人均粮食占有量仅比1957年略高,农产品进口大约占进口总金额的1/5,相当一部分地区的农民口粮不足,甚至严重不足。①因此,发展农业生产就成为改革开放之初消除饥饿、缓解贫困的首要任务。

基于农村公社的集体农业经营体制束缚了农民农业生产的积极性。20世纪80年代初,家庭联产承包责任制由农民的自发实践逐步得到政策认可,在全国范围内得到广泛实施,成为农村经济发展的基本经济制度,扭转了改革开放之前农业发展徘徊不前的状况,极大地促进了农业整体发展和农民生活水平的提高,使得农村的饥饿状况在20世纪80年代中期基本消除。1978—1985年期间,中国粮食总产量增加了24%,农村居民的实际人均纯收入增长了169%,年均增长率高达15.1%。按照中国的贫困线标准,在1978—1985年期间的短短7年时间内,中国农村贫困人口下降一半,从2.5亿人减少到1.25亿人,同期的农村贫困发生率从31%下降到15%,堪称人类历史上的"减贫奇迹"。毫无疑问,以家庭联产承包责任制为主要内容的农业经济制度改革是取得这一奇迹的关键所在。

① 李先念:《在中央工作会议上的讲话》,载《李先念文集》,人民出版社1989年版,第346页。

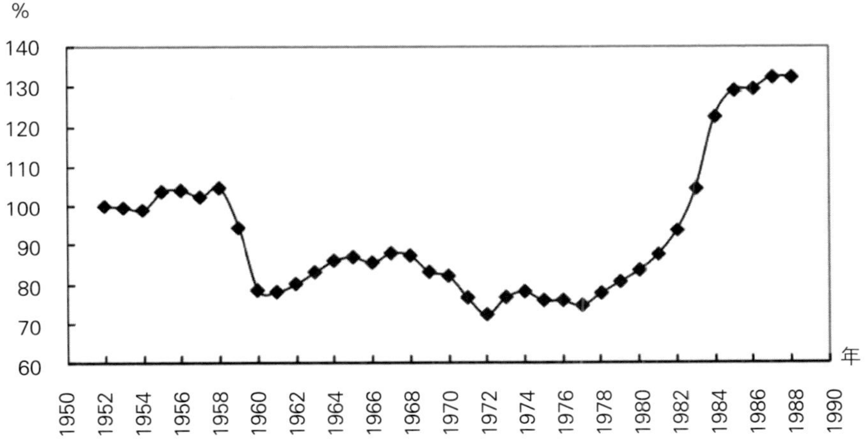

图2-2 农业总要素生产率指数的变化(1952—1989年)

数据来源:林毅夫著:《制度、技术与中国农业发展》,上海人民出版社2015年版。

乡镇企业是20世纪80年代以后农村经济发展的又一大亮点。乡镇企业的前身是人民公社体制下的社队企业。改革开放以后,乡镇企业不仅成为农村经济发展的亮点,也成为中国经济的一个亮点。在计划经济年代,乡镇企业是计划外的经济形态,其发展的过程在很大程度上遵循了市场经济的原则,自主经营、自负盈亏,经营机制灵活。在中国仍旧处于短缺经济的发展阶段,乡镇企业的发展创造了大量的就业机会。1990年,乡镇企业的职工数达到9262万人,这个数量与1990年城镇国有单位的就业人数相当(10346万人)。这足以说明乡镇企业的发展在20世纪八九十年代对中国经济的重要性。

随着农业生产的恢复与发展以及乡镇企业的快速发展,农民收入获得了极大的提高。从1980—1990年期间的农民家庭收入分布的情况来看(图2-3),农民家庭的收入水平在20世纪80年代显著提高。随着农村经济的发展,农村贫困人口规模持续下降,到1990年已经下降到8500万人,贫困发生率下降到9.4%。

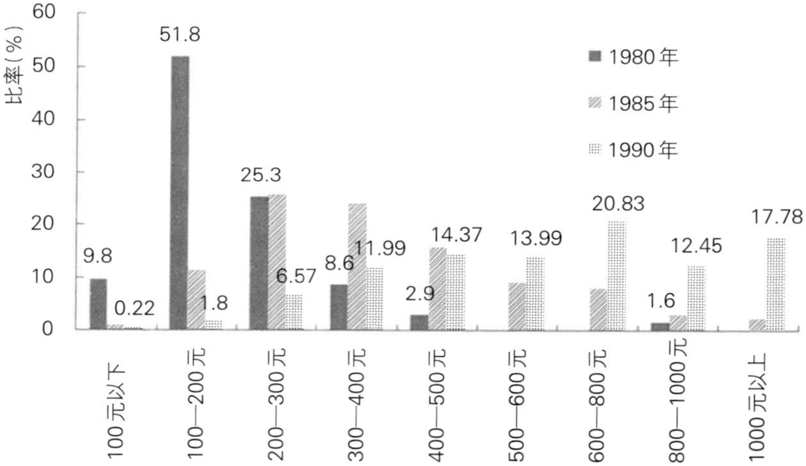

图2-3　农村居民收入分组比重(1980—1990年)

注:本表为农村住户抽样调查资料。

资料来源:国家统计局编:《中国统计年鉴(1998)》,中国统计出版社1998年版,第344页。

2. 国有企业改革与非国有经济的发展

改革开放以来的中国经济奇迹是中国不断探索建立社会主义市场经济体制的结果,而不是固守着计划经济体制的思维。尽管在改革开放之初,中国并没有明确经济体制改革的确定方向,但是,从制度安排来看,坚持了解放生产力和发展生产力的改革取向。1981年6月通过的《关于建国以来党的若干历史问题的决议》指出:"社会主义生产关系的发展并不存在一套固定的模式,我们的任务是要根据我国生产力发展的要求,在每一个阶段上创造出与之相适应和便于继续前进的生产关系的具体形式。”此外,在推进经济体制改革的过程中,不断提升市场在资源配置中的作用。例如,《关于建国以来党的若干历史问题的决议》在起草过程中,根据陈云同志的意见写上了:“必须在公有制基础上实行计划经济,同时发挥市场调节的辅助作用。”①

改革开放之初,中国经济完全是国有经济主导的格局。1978年,97.8%的工业总产值是由国有企业和集体企业完成的,其中,国有企业占据了工业总产值的77.6%。②改革开放以后,中国开始积极地实施国有企业改革、吸引外国直接投资、大力发展各种类型的城乡个体和私营企业,非国有经济的发展逐步成为中国经济发展的重要支撑。与国有企业改革一起,非国有经济的发展为中国市场经济体制的建设培育了微观主体。

最早的国有企业改革着眼于“放权让利”,增强对国有企业的激

---

① 1981年,五届全国人大四次会议期间,政府工作报告在阐述“积极稳妥地改革经济体制”时指出我国经济体制改革的基本方向应当是:在坚持实行社会主义计划经济的前提下,发挥市场调节的辅助作用,国家在制定计划时也要充分考虑和运用价值规律;对于带全局性的、关系到国计民生的经济活动,要加强国家的集中统一领导,对于不同企业的经济活动,要给以不同程度的决策权,同时扩大职工管理企业的民主权利;改变单纯依靠行政手段管理经济的做法,把经济手段和行政手段结合起来,注意运用经济杠杆、经济法规来管理经济。

② 根据《新中国六十年统计资料汇编》相关数据计算。

励。[①]到了1984年，中央开始把增强国有大中型企业的活力作为经济体制改革的中心环节。1985年，《企业破产法》草案通过试行。随后，股份制改造成为国有企业改革的重要形式。从改革思路来看，1984—1992年期间的国有企业改革的目标是按照国有企业的所有权和经营权分离的原则逐步推进政企分开，进而使国有企业成为独立经营、自负盈亏的商品生产者和经营者。1992年，党的十四大明确了中国经济体制改革的目标是建立社会主义市场经济体制。1993年11月召开的中共十四届三中全会通过的《中共中央关于建立社会主义市场经济体制若干问题的决定》明确指出，中国国有企业的改革方向是建立"适应市场经济和社会化大生产要求的、产权清晰、权责明确、政企分开和管理科学"的现代企业制度，要求通过建立现代企业制度，使企业成为自主经营、自负盈亏、自我发展、自我约束的法人实体和市场竞争主体。[②]

党的十五大报告进一步要求从战略上调整国有经济布局，发挥国有经济起主导作用主要体现在控制力上，要求对关系国民经济命脉的

① 早在1978—1979年，中国就在四川和北京开始对国有企业进行扩权试点。1981年12月，国务院批转国家经委拟定的《关于实行工业企业经济责任制若干问题的意见》，推进企业生产责任制的实施。1983年4月，国务院批转财政部《关于国营企业利改税实行办法的通知》，实施利改税政策，继续推进对国有企业的放权让利改革。

② 1994年出台了《中华人民共和国公司法》，推进建立现代企业制度。1995年9月中共十四届五中全会，又进一步提出：要着眼于搞好整个国有经济，通过存量资产的流动和重组，对国有企业实施战略性改组。这种改组要以市场和产业政策为导向，搞好大的，放活小的，把优化国有资产分布结构、企业结构同优化投资结构有机结合起来，择优扶强、优胜劣汰。

重要行业和关键领域,国有经济必须占支配地位。党的十六大以后,国有企业改革随着国有资产管理方式的改变以及资本市场的改革得到进一步的推进。[①]党的十七大报告中提出,深化国有企业公司制股份制改革,健全现代企业制度,优化国有经济布局和结构,增强国有经济活力、控制力、影响力。党的十八大明确提出要“完善各类国有资产管理体制”。党的十九大报告进一步提出,改革国有资本授权经营体制,加快国有经济布局优化、结构调整、战略性重组,促进国有资产保值增值,推动国有资本做强做优做大,发展混合所有制经济,培育具有全球竞争力的世界一流企业。总体来看,党的十六大以来,国有资产管理体制改革取得了积极的进展和成效,成立了包括国务院、省(区、市)、市(地)三级国资监管机构,大部分经营性非金融国有资产纳入监管体系,基本形成了企业国有资产监管法律法规制度体系。[②]党的十八大以来,国有企业改革顶层设计基本完成,形成了“1+N”政策体系,国有企业改革重大举措相继落地,重点难点问题不断取得新突破,全国国有企业公司制改制面达到90%以上,混合所有制改革稳步推进,通过重组国有资本布局结构不断优化,国有资产监督不断强化,改

① 2003年,中央和地方成立了国有资产监督管理委员会,着眼于建立健全国有资产管理和监督体制,鼓励大型国有企业吸引外资和社会资金,实行产权多元化。

② 其中,国务院国资委出台的规章和规范性文件299件,地方政府和国资委发布的国有资产监管法规、制度2800多件;强化了对企业国有资产的监管,业绩考核和激励约束机制建立并不断完善,财务监督、审计监督、监事会监督机制不断完善,产权管理不断加强,国有资本预算管理制度和收益管理机制逐步建立。(参见王勇:《王勇解读十八大报告“完善各类国有资产管理体制”》,《经济日报》2012年11月19日。)

革系统性整体性协同性不断增强。可以预期，十九大以后，国有企业改革将继续朝着纵深推进，国有资本布局更加优化，继续在科技创新、保障民生、落实国家宏观调控与重大战略实施等方面发挥重要作用。

总体来说，经过30多年的国有企业改革，国有企业与各种其他类型的经济成分一起，成为基本的市场主体，并且在中国的基础设施建设、国防事业、重大科技工程等重大领域发挥中坚力量。与此同时，国有企业的改革对非国有经济发展起到重要推动作用，为非国有经济的发展创造了成长空间。从发展历程来看，国有企业改革与非国有经济基本上实现了同步发展。早在20世纪80年代初，中国就已经开始发展个体私营经济和乡镇企业[①]，同时开始积极吸引外资，培育市场经济发展的市场主体，并在历次党代会上给予政策支持。[②]

① 1980年8月中共中央《关于转发全国劳动就业会议文件的通知》(中发64号文件)确认了“劳动部门介绍就业、自愿组织起来就业和自谋职业相结合的方针”，要求“鼓励和扶植城镇个体经济的发展”。1981年10月17日制定了《中共中央、国务院关于广开门路，搞活经济，搞活城镇就业问题的若干决定》。1981年，全国登记注册的城乡个体工商户计183万户，从业人员227万人。

② 1982年，党的十二大报告提出，我国的社会主义社会现在还处在初级发展阶段，“计划经济为主、市场调节为辅”的改革原则。1987年10月，党的十三大报告提出，私营经济、中外合资合作企业和外商独资企业等非公有制经济，是公有制经济必要的和有益的补充。1988年4月12日，第七届全国人民代表大会通过《中华人民共和国宪法(修正案)》增加了以下规定：“国家允许私营经济在法律规定的范围内存在和发展。私营经济是社会主义公有制经济的补充。国家保护私营经济的合法权利和利益，对私营经济实行引导、监督和管理。”到1991年，城镇个体劳动者的数量从1978年的15万人迅速上升到760万人，占全部职工比重也达到5.24%。从工业总产值看，城乡个体工业占全部工业产值比重从1978年时几乎没有，上升到1991年的4.83%。

非公有制经济的发展是扩展经济自由的一个重要体现，为广大城乡劳动者创造了巨大的就业机会，为农业部门的劳动力转向非农部门就业提供动力。改革开放之初，大约有70%的劳动力在农业部门就业，随着经济发展与非公有制经济的发展，农业就业比重逐步下降，在1992年下降到58.5%，2002年下降到50%，加入WTO以后，进一步显著下降，到2015年已经下降到28.3%（见图2-4）。

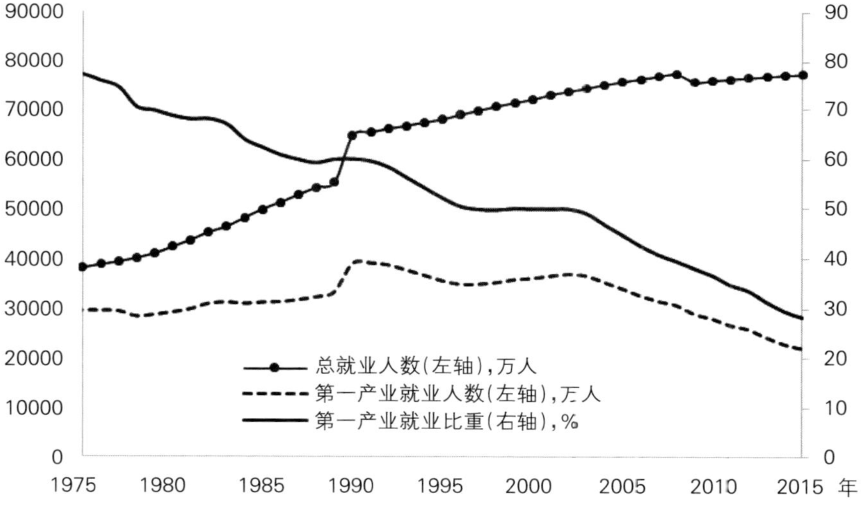

图2-4　中国就业结构转变（1975—2015年）

数据来源：国家统计局编：《中国统计摘要（2016）》，中国统计出版社2016年版，第40页。

非公有制经济的发展为中国的城镇化发展提供了巨量的就业机会。从城乡就业分布来看，1978年76.3%的劳动力在农村就业，到了2015年下降到47.8%。从绝对数量来看，从1998年开始降低，农村就业人口从49021万人下降到2015年的37041万人，下降规模达到2.2亿人，相当于日本和德国加在一起的人口规模（见图2-5）。

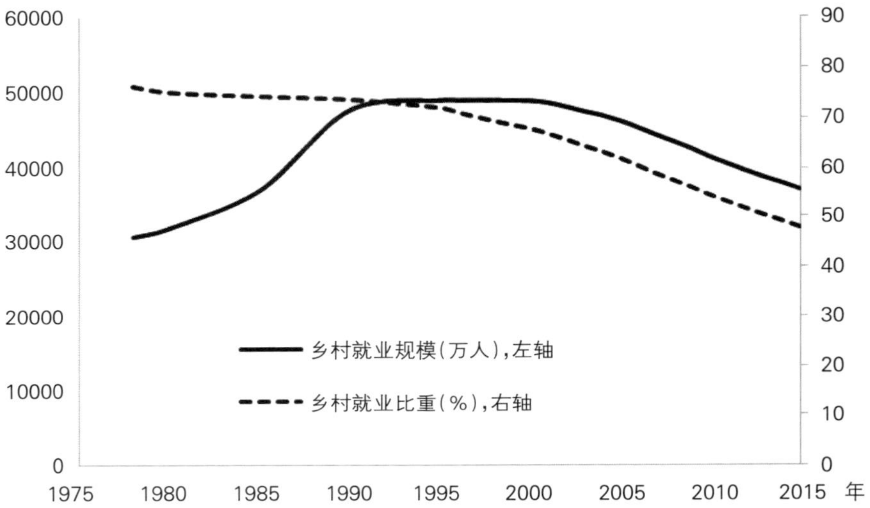

图2-5　中国农村就业情况（1978—2015年）

数据来源：国家统计局编：《中国统计摘要（2016）》，中国统计出版社2016年版，第41—42页。

从城镇就业来看，1978年以后城镇就业规模不断扩大，从1978年的10525万人增加到2015年的40410万人，城镇就业规模的增加量接近美国的人口总量（2015年为3.2亿人）。从就业的所有制结构来看，随着国有企业改革以及非公有制经济的发展，国有单位的就业比重大幅度下降，从1978年的78.3%下降到1995年的59.1%。特别是，随着20世纪90年代中期以后，国有企业的就业比重显著下降，2015年下降到

15.4%(见图2-6)。与此同时,个体、私营以及外商企业的就业比重从无到有,2015年达到53.9%,相当于国有单位就业的三倍多。从某种意义上讲,没有非公有制企业的快速发展,国有企业改革难以顺利推进。而国有企业改革的推进,也在客观上促进了非公有制经济的发展。

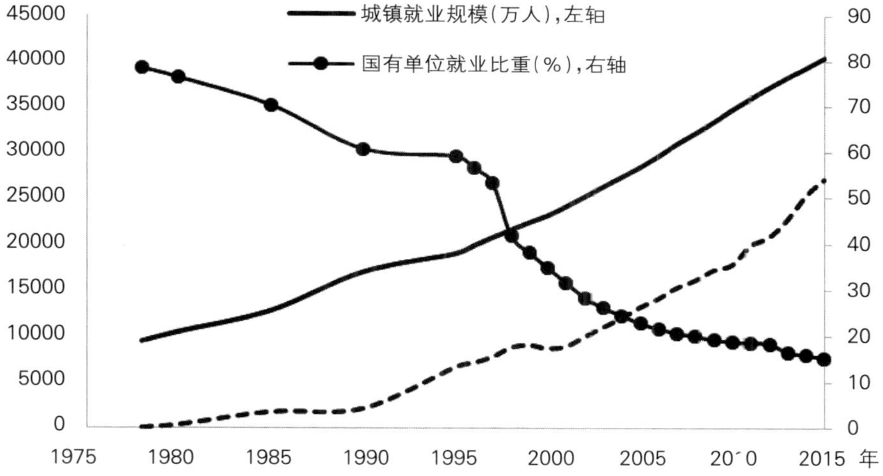

图2-6　中国城镇就业情况(1978—2015年)

数据来源:国家统计局编:《中国统计摘要(2016)》,中国统计出版社2016年版,第41页。

随着中国逐步从计划经济体制向市场经济体制转换,中国城乡居民的收入水平不断提高。以1978年为基准,城乡居民2016年的人均收入水平分别是1978年的15倍和16倍;以2000年为基准,2016年城乡居民的人均收入分别是2000年的3.9倍和3.4倍。如果以恩格尔系数衡量城乡居民的生活水平，城镇居民在2000年基本进入富裕状态，农村居民在2010年基本进入小康状态。2016年，城镇居民的恩格尔系数降至30%以下，进入更富裕阶段，农村居民则降至32.2%（见表2-4），已接近更富裕阶段。

表2-4　城乡居民人均收入及恩格尔系数（1978—2016年）

年份	城镇居民收入指数（1978＝100）	农村居民收入指数（1978＝100）	城镇居民恩格尔系数（%）	农村居民恩格尔系数（%）
1978	100.0	100.0	57.5	67.7
1980	127.0	139.0	56.9	61.8
1985	160.4	268.9	53.3	57.8
1990	198.1	311.2	54.2	58.8
1995	290.3	383.6	50.1	58.6
2000	383.7	483.4	39.4	49.1
2005	607.4	624.5	36.7	45.5
2010	965.2	954.4	35.7	41.1
2013	1227.0	1286.4	35.0	37.7
2015	1396.9	1510.1	29.7	33.0
2016	1505.9	1638.9	29.3	32.2

数据来源：国家统计局编：《中国统计摘要（2014）》，中国统计出版社2014年版，第56页；国家统计局编：《中国统计摘要（2017）》，中国统计出版社2017年版，第60页。

注：恩格尔系数：食品支出占家庭支出的比重即是恩格尔系数，其反映的是居民生活水平的高低。越富裕的家庭，食品支出占比越低。根据联合国粮农组织的标准划分，恩格尔系数在60%以上为贫困；50%—59%为温饱；40%—49%为小康；30%—39%为富裕；30%以下为最富裕。

建立经济特区是中国作为社会主义国家的一项重大制度创新，这也充分体现了中国以经济建设为中心的坚定性。设立经济特区、沿海开放城市以及经济开放区，积极推动中国参与经济全球化，这是1978年以来中国经济增长奇迹的一个重要因素。对外开放成为中国经济增长的外部动力，充分发挥了中国劳动力资源丰富的比较优势，同时对中国完善社会主义市场经济体制具有重要的推动作用。总体来看，中国的对外开放大致可以分为三个阶段。第一阶段是1979—1992年期间，中国的对外开放主要通过“三来一补”的补偿贸易，承接来自中国香港、中国台湾等地区的产业转移，形成了沿海地区的整体开放格局。1992—2001年期间，随着中国明确社会主义市场经济体制的改革取向，中国逐步建立和完善基于市场经济的外向型经济体体制，通过汇率、外资、外贸、金融等领域的改革深入，中国的经济对外开放进入了新的阶段。2001年以后，中国的对外开放随着中国加入WTO进入新阶段，经济对外开放从范围、领域、深度和形式来看，均出现积极的变化。特别是，党的十八大以后，随着中国经济进入新常态，在极其复杂国际经济环境中，中国的对外开放再上一个新台阶。2013年中国成为世界第一大货物贸易国，2014年成为世界吸引外商直接投资规模最大的国家，2016年成为世界仅次于美国的对外直接投资国，中国经济与世界经济的联动性进一步增强。中国不仅从自由贸易规则的学习者、跟随者，逐渐成为规则改革的推动者和倡导者，还成为稳定世界经济的压舱石。总体来看，中国的对外开放为中国经济发展开启了缩小与世界发达国家的技术差距、管理经验差距的窗口，并且推动了中国建设社会主义市场经济体制的制度建设，不仅为深化国有企业注入了外部动力，同时也为各类非国有经济的发展拓展了市场机会，并且为广大发展中国家创造中国经济增长的“红利”，成为世界经济增长的最重要的“稳定器”。党的十九大报告提出，必须统筹国内国际两个大局，始终不渝奉行互利共赢的开放战略，坚持正确义利观，谋求开放创新、包容互惠的发展前景。在当前经济全球化出现停滞、甚至有可能倒退的复杂格局中，中国已经展示了自己作为经济全球化的坚定维护者的形象。可以预期，中国在未来将持续通过参与经济全球化为世界其他国家创造经济机遇、就业机遇，进而有助于推动广大发展中国家的减贫事业，成为全球发展的贡献者。

五、扶贫开发是走出“贫困陷阱”的重要支柱

1. 各个发展时期的扶贫政策

对于发展中国家，在经济发展的早期阶段，经济发展是减少贫困的必要条件。随着经济发展进入中等收入阶段，贫困人口规模的持续性减少有赖于减贫政策的有效实施。中国一直把减贫视为国家发展的优先战略，在不同发展阶段实施有阶段性特征的扶贫开发工程，这也是中国减贫事业的重要经验。改革开放以前，尽管中国没有形成综合的减贫战略，但是教育和健康领域的发展在客观上促进了减贫事业的发展，显著地降低了人类贫困现象。改革开放以后，中国逐步形成

了一个由党中央、国务院高度重视,各级政府通力配合实施的国家减贫制度体系,形成了一个全社会广泛参与的减贫系统工程,包括政府、企事业单位和社会组织等在内的国家扶贫开发协同架构。在不同发展时期,根据阶段性扶贫工作的特点,中国不断调整扶贫政策和战略,在经济高速发展的同时实现了包容性发展,让贫困人口充分享受了经济和社会发展的成果。

针对中国的贫困状况,20世纪80年代初中国开始对经济发展明显落后、贫困人口集中的地区进行区域性扶贫开发。例如,1983年针对甘肃、宁夏部分地区植被破坏严重、生态环境恶化、人民生活艰苦的状况,开始实施"三西"农业建设计划。[①]国务院为此成立了"三西"农业建设领导小组,拉开了中国区域性扶贫开发的序幕。[②]在推进扶贫工作的过程中,中国自1980年开始设立一系列扶贫专项基金,包括1980年设立的"支援经济不发达地区发展资金",1984年设立革命老区、少数民族地区和边远地区贷款和以工代赈资金等。

20世纪80年代中期,中国农村地区发展的不平衡现象日益突出。按照中国的国家贫困线标准,1985年中国仍旧有1.25亿农村贫困人口没有解决温饱问题,老少边穷地区成为中国农村贫困人口集中的地区。1986年,中国成立了国务院贫困地区经济开发领导小组(1993

① 三西地区包括甘肃以定西为代表的中部干旱地区和河西走廊地区以及宁夏的西海固地区。

② 张磊主编:《中国扶贫开发历程(1949—2005年)》,中国财政经济出版社2007年版。

年更名为国务院扶贫开发领导小组)，中国开始了有组织、有计划、大规模的扶贫开发战略。1986—1993年期间，有331个县被确定为贫困县。通过专项扶贫贷款、以工代赈和财政发展资金进行专项扶贫投资。1986—1993年期间，以工代赈和财政发展资金占中央财政支出的比例平均达到2.73%。经过8年的努力，按照国家贫困线标准，贫困人口规模由1986年的1.31亿人减少到1993年的8660万人，贫困发生率由15.5%减少到8.8%。

1994年，中国颁布实施了“国家八七扶贫攻坚计划”，明确提出力争用7年左右的时间，到2000年底基本解决农村贫困人口的温饱问题。“国家八七扶贫攻坚计划”成为中国历史上第一个目标明确、对象明确、措施明确和期限明确的国家扶贫开发行动纲领。该计划确定了全国592个贫困县，覆盖全国72.6%的贫困人口，提出了明确的扶贫目标：(1) 绝大多数贫困户年人均纯收入达到500元以上(按1990年不变价格)；(2) 扶持贫困户创造稳定解决温饱的基础条件；(3) 加强基础设施建设；(4) 改变教育文化卫生的落后状况。

从资金投入力度来看，该计划实施期间，财政性扶贫资金(以工代赈和财政发展资金)累计投入占同期中央财政支出的比例平均达到2.94%。从扶贫效果来看，农村贫困人口从1993年的8000万人减少到2000年的3209万人，贫困发生率从8.8%下降到3.4%。需要指出的是，如果按照世界银行的贫困线标准，中国的贫困发生率要明显高于基于中国官方的贫困发生率。但是，即使按照世界银行的贫困线标准，1994—2000年期间的贫困发生率也出现显著的下降，从25.9%下降到11.9%,贫困人口减少的规模达到1.16亿人,这仍旧是一个惊人的减贫成就。与此同时,中国胜利实现了现代化建设的前两步战略目标:经济和社会全面发展,人民生活总体上达到了小康水平。值得注意的是,如果按照世界银行的贫困线标准,2000年中国仍旧有1.16亿贫困人口,减贫的任务仍旧是艰巨的。

进入21世纪以后,中国的经济发展进入新阶段,国内经济结构和外部的经济环境均为中国经济发展提供了有利的机遇,中国加快了城镇化发展进程,对外经济开放随着中国加入WTO进入了新阶段。在实施了"国家八七扶贫攻坚计划"以后,中国的贫困人口在中西部地区的分布越来越分散于贫困村而非集中于贫困县,扶贫任务更加艰巨。2001年,中国制定了《中国农村扶贫开发纲要(2001—2010年)》[①],在全国确定了14.8万个贫困村,逐村制定包括基本农田、人畜饮水、道路、贫困农户收入、社会事业等内容的扶贫规划,整合各类支农惠农资金和扶贫专项资金,实现贫困群众增收、基础设施提升、社会公益事业发展、群众生产生活条件改善的目标。截至2010年底,已在12.6万个贫困村实施整村推进,其中,国家扶贫开发工作重点县中的革命老区、人口较少民族聚居区和边境一线地区贫困村的整村推进已基本完成。[②]

① 其目标是尽快解决少数贫困人口温饱问题,进一步改善贫困地区的基本生产生活条件,巩固温饱成果,提高贫困人口的生活质量和综合素质,加强贫困乡村的基础设施建设,改善生态环境,逐步改变贫困地区经济、社会、文化的落后状况,为达到小康水平创造条件。这一阶段的扶贫突出整村推进的扶贫开发模式。

② 参见http://www.china.com.cn/ch-book/2011-11/16/content_23934389.htm。

根据国务院新闻办2011年11月16日发布的《中国农村扶贫开发的新进展》白皮书显示，全国农村扶贫标准从2000年的865元逐步提高到2010年的1274元，提升了47%。以此标准衡量的农村贫困人口数量，从2000年底的9422万人减少到2010年底的2688万人，降幅达72%；农村贫困人口占农村人口的比重从2000年的10.2%下降到2010年的2.8%。此外，中国加强了农村基础设施建设，到2010年通电、通公路、通电话、通电视的村的占比均达到了99%以上，基本完成农村基础设施建设。

进入21世纪的第二个十年，中国进一步把扶贫工作作为全面建设小康社会的重点实现目标。2011年，中国制定《中国农村扶贫开发纲要（2011—2020年）》，开启了新世纪以来的第二个十年扶贫发展规划。该纲要的总体目标是，到2020年稳定实现扶贫对象不愁吃、不愁穿，保障其义务教育、基本医疗和住房。贫困地区农民人均纯收入增长幅度高于全国平均水平，基本公共服务主要领域指标接近全国平均水平，扭转发展差距扩大趋势，对基本农田和农田水利、特色优势产业、饮水安全、生产生活用电、交通、农村危房改造、教育、医疗卫生、公共文化、社会保障、人口和计划生育以及林业和生态提出了具体可量化的实现目标。

特别是，新一届党中央继续高度重视扶贫工作。2012年底，习近平总书记元旦前夕到贫困地区和革命老区河北省阜平县看望困难群众时指出，全面建成小康社会最艰巨、最繁重的任务在农村，没有农村的小康，特别是没有贫困地区的小康，就没有全面建成小康社会。

2013年11月,习近平总书记到湖南湘西考察时首次作出了“实事求是、因地制宜、分类指导、精准扶贫”的重要指示,首次提出“精准扶贫”的思想。2014年,中国把每年的10月17日设立为“扶贫日”。2014年在全国范围内实施“精准扶贫”“区域开发”和“社会保障”相结合的减贫战略。2000—2014年,中央财政累计投入专项扶贫资金年均增长率达到11.6%,基本上与这一时期的经济增长率相一致。

2015年11月底,中央扶贫开发工作会议出台了《中共中央、国务院关于打赢脱贫攻坚战的决定》,要求着力实施精准扶贫方略,健全精准扶贫工作机制,抓好精准识别、建档立卡这个关键环节,为打赢脱贫攻坚战打好基础,为推进城乡发展一体化、逐步实现基本公共服务均等化创造条件。按照扶持对象精准、项目安排精准、资金使用精准、措施到户精准、因村派人精准、脱贫成效精准的“六个精准”要求,动员一切社会力量,构筑综合的扶贫开发战略,实现到2020年农村贫困人口全部脱贫,贫困县全部摘帽,解决区域性整体贫困。

总体来看,当前中国已经形成了在党的领导下、各级政府广泛参与、省市县乡村“五级书记”齐抓共管的扶贫工作机制,中西部22个省区市向中央签署脱贫攻坚责任书。各级政府通过动员全社会力量,采取各种方式,形成全方位的扶贫工作格局。从中央扶贫办的工作内容来看,已经形成了包括16项工作内容,通过发挥各项政策措施的合力作用，形成全方位的扶贫工作机制。①

在推动农村减贫的同时，随着国有企业改革的推进以及市场经济的发展，城市贫困成为中国贫困的新现象。针对中国城市贫困，中国在1993年开始，在城市实行“低保”政策，到了1999年基本推广到中国所有城市。城市低保政策在实施初期对缓解国有企业改革带来的下岗失业冲击具有重要作用，并对城市居民中没有劳动能力的个体提供基本救助。2003年开始，在城市低保制度取得重大突破后，中国开始推进农村低保制度，目前已经覆盖到全国所有地区。随着城乡低保制度的确立，中国不断完善对低保制度的管理，建立了审计制度和低保资格认定机制。2015年，各类社会救助人群的规模达到7121万人（见表2-5），其中农村社会救助规模为5420万人，数量高于2015年农村贫困人口规模。从这个意义上讲，尽管中国当前还没有完全消除贫困，但是通过社会救助体系，大部分的贫困人口都能够得到基本的生活保障。中国在2020年消除贫困的主要目标是确保有劳动能力的个体实现脱离收入贫困。

① 16项工作内容包括建档立卡、驻村帮扶、片区攻坚、老区建设、产业扶贫、行业扶贫、易地扶贫、整村推进、人才培训、扶贫创新、考核评估、金融合作、国际交流合作、定点扶贫、东西协作以及社会帮扶。

表2-5 中国社会救助情况(2007—2015年)

单位:万人

年份	城市居民最低生活保障人数	农村居民最低生活保障人数	农村集中供养五保人数	农村分散供养五保人数
2007	2272.1	3566.3	138.0	393.3
2008	2334.8	4305.5	155.6	393.0
2009	2345.6	4760.0	171.8	381.6
2010	2310.5	5214.0	177.4	378.9
2011	2276.8	5305.7	184.5	366.5
2012	2143.5	5344.5	185.3	360.3
2013	2064.2	5388.0	183.5	353.8
2014	1877.0	5207.2	174.3	354.8
2015	1701.1	4903.6	162.3	354.4

数据来源:国家统计局编:《中国统计年鉴(2016)》,中国统计出版社2016年版,第731页。

2. 中国减贫绩效评价

国家贫困线是衡量减贫绩效的标准。改革开放之初,中国的贫困线标准设定水平还是比较低的。例如,按照中国国家贫困线,1978年的农村贫困人口数量为2.5亿人,而按照国际贫困线,中国的贫困人口规模则达到7.2亿人。改革开放以后,中国政府多次调整国家扶贫标准。在2008年以前,中国设定两个扶贫标准,即绝对贫困标准和低收入标准。例如,1986年的绝对贫困标准为206元,2007年为785元;

2000年的低收入标准为865元，2007年底为1067元。2008年，中国把绝对贫困标准和低收入标准合一，统一使用1067元作为国家扶贫标准，2009年又进一步上调至1196元（作为2008年标准）。2011年底，中央决定将农民人均纯收入2300元作为新的国家扶贫标准（作为2010年标准）。除掉物价指数因素，2010年的标准比2008年的标准大幅提高了90%左右。应当说，这是改革开放以来国家贫困线最大幅度的调整。按照世界银行的观点，中国当前的国家贫困线已经超过了世界银行的国际贫困线标准。①

中国政府对于国家贫困线的调整，表明中国政府不回避中国的贫困问题，彰显了中国政府根除贫困的决心。例如，按照2010年标准，2010年中国农村贫困人口规模达到1.66亿人，远远高于2008年的贫困人口规模（即2688万人）。到2015年按照这一贫困线标准，农村贫困人口已减至5575万人，贫困发生率降至5.7%（见表2-6）。中国的“十三五”规划明确提出了到2020年实现所有人口脱贫的目标，而且把它列为“十三五”规划最重要的发展目标，充分体现了中国政府推动公平发展和包容性发展的发展理念。

① 根据英国*Economist*2014年10月20日的文章，根据世界银行1.25美元的国际贫困线标准，2011年中国农村贫困人口数量为8170万，占农村人口比例为12.3%。按照中国政府2011年发布的2010年贫困线标准，中国贫困人口数据则是1.2238亿，大大高于国际贫困线标准确定的贫困人口数量，表明中国的贫困线高于世界银行标准。（参见*Economist*, China’s economy: Poverty elucidation day, October 20, 2014。）

表2-6　中国农村贫困状况(1978—2016年)

年份	1978年标准		2008年标准		2010年标准	
	贫困人口(万人)	贫困发生率(%)	贫困人口(万人)	贫困发生率(%)	贫困人口(万人)	贫困发生率(%)
1978	25000	30.7			77039	97.5
1980	22000	26.8			76542	96.2
1981	15200	18.5				
1982	14500	17.5				
1983	13500	16.2				
1984	12800	15.1				
1985	12500	14.8			66101	78.3
1986	13100	15.5				
1987	12200	14.3				
1988	9600	11.1				
1989	10200	11.6				
1990	8500	9.4				
1991	9400	10.4				
1992	8000	8.8				
1994	7000	7.7				
1995	6540	7.1			55463	60.5
1997	4962	5.4				
1998	4210	4.6				
1999	3412	3.7				
2000	3209	3.5	9422	10.2	46224	49.8
2001	2927	3.2	9029	9.8		
2002	2820	3.0	8645	9.2		

续表

年份	1978年标准		2008年标准		2010年标准	
	贫困人口(万人)	贫困发生率(%)	贫困人口(万人)	贫困发生率(%)	贫困人口(万人)	贫困发生率(%)
2003	2900	3.1	8517	9.1		
2004	2610	2.8	7587	8.1		
2005	2365	2.5	6432	6.8	28662	30.2
2006	2148	2.3	5698	6.0		
2007	1479	1.6	4320	4.6		
2008			4007	4.2		
2009			3597	3.8		
2010			2688	2.8	16567	17.2
2011					12238	12.7
2012					9899	10.2
2013					8249	8.5
2014					7017	7.2
2015					5575	5.7
2016					4335	4.5

数据来源：国家统计局编：《中国统计摘要(2017)》，中国统计出版社2017年版，第67页。

注：1978年标准：1978—1999年称为农村贫困标准，2000—2007年称为农村绝对贫困标准；2008年标准：2000—2007年称为农村低收入标准，2008—2010年称为农村贫困标准；2010年标准：即现行农村贫困标准，即每人每年2300元(2010年不变价)。

综合以上讨论，中国改革开放以来的减贫成就是综合发展治理的成果。这既包括改革开放以前,中国在经济发展水平极低的条件下,通过发展基础教育和基础公共医疗卫生服务,提升国民的人力资本水平;也包括改革开放以后,通过形成有利于穷人的经济发展政策以及完善社会政策的结合,极大地推动极端贫困人口规模的降低(见表2-7)。

表2-7 应对极端贫困和长期贫困的政策

政策	内容
教育与医疗	扫除青壮年文盲、大力普及初等教育; 大力提高公共卫生体系的可及性。
有利于穷人的经济发展政策	家庭联产承包责任制;乡镇企业的发展; 建立和完善市场机制,积极实施对外开放政策,大力发展非国有经济,促进就业、创业。
完善社会政策	国家主导、社会广泛参与的扶贫政策; 社会保障体制的逐步建立; 城乡最低保障体制; 社会救助制度。

六、中国减贫促进全球减贫

从国际比较来看,中国减少极度贫困人口的成就是举世瞩目的。根据世界银行提出的国际贫困线标准,按每人每日支出低于1.90美元(PPP,2011年国际美元)计算,1981年到2013年,中国贫困人口从8.84亿人减少至2517万人,减少了8.66亿人,贫困发生率从88.3%下降至1.85%,减少了86.45个百分点;按每人每日支出低于3.10美元计算,

1981年到2013年，中国贫困人口从9.92亿人减少至1.51亿人，减少了8.41亿人，贫困发生率从99.14%下降至11.09%，下降了88.05个百分点(见表2-8)。

从国际比较来看，中国减少极度贫困人口的成就是举世瞩目的。按照世界银行的估计，1981年中国的极度贫困率为84%，远远高于发展中国家的平均水平(52%)，也明显高于印度(60%)、除印度以外的南亚国家(66%)以及撒哈拉以南的非洲国家(52%)。[①]然而，20世纪80年代以后的中国发展极大地降低了极度贫困率，每隔十年都会出现一个极度贫困率的大幅下降。到了20世纪末，中国的极度贫困率与发展中国家的平均水平相当，到了2010年，中国的极度贫困率已经下降至12%，已经明显低于发展中国家的平均水平(21%)。

表2-8　中国国际贫困线人口及发生率(1981—2013年)

年份	人日均低于1.90美元(2011年国际美元)		人日均低于3.10美元(2011年国际美元)	
	贫困人口(万人)	贫困发生率(%)	贫困人口(万人)	贫困发生率(%)
1981	88383.59	88.3	99211.38	99.14
1984	79060.86	75.8	100047.10	95.87
1987	66498.12	60.8	97440.95	89.15
1990	76122.91	66.6	101985.00	89.20

① http://www.worldbank.org/content/dam/Worldbank/document/State of the poor paper April17.pdf.

续表

年份	人日均低于1.90美元(2011年国际美元)		人日均低于3.10美元(2011年国际美元)	
	贫困人口(万人)	贫困发生率(%)	贫困人口(万人)	贫困发生率(%)
1993	67554.69	57.0	97551.34	82.31
1996	51464.57	42.1	87508.14	71.50
1999	50993.64	40.5	84503.03	67.18
2002	41040.73	32.0	72447.49	56.40
2005	24516.75	18.8	54603.71	41.75
2008	19455.49	14.7	2517.332	32.96
2010	14991.37	11.2	36526.39	27.24
2013	2517.33	1.85	15090.38	11.09
1981—2013变化量	−85866.26	−86.47	−84121	−88.05

数据来源:世界银行数据库。

1.90美元:http://data.worldbank.org/indicator/SI.POV.GAPS?locations=CN.

3.10美元:http://data.worldbank.org/indicator/SI.POV.GAP2?locations=CN.

中国减贫成就对世界减贫事业作出巨大贡献。按每人每日支出低于1.90美元(PPP,2011年国际美元)计算,从1981年到2013年,中国贫困人口占世界贫困人口总数的比重从46.4%减少至3.28%;同期,世界贫困总人口从19.03亿人下降至7.766亿人,减少了11.264亿人,中国对全球减贫的贡献率高达75.55%。从这个意义上讲,没有中国减贫事业的巨大贡献,世界减贫事业不可能取得如此大的成就。中国的减贫成就堪称世界“减贫奇迹”！

针对中国的减贫成就，国际组织给予充分肯定。2015年9月在联合国成立70周年之际，世界银行行长金墉对中国的减贫成就这样评价：“在过去的25年里，中国在消除极端贫困方面发挥了人类历史上最大的作用，中国帮助大约6亿人摆脱了贫困，因此，中国在消除贫困方面是世界上最有经验的国家。”

截至2016年底，中国农村贫困线标准以下的贫困人口数量已经降至4335万人，农村贫困发生率已降至4.5%。[①]总体来看，中国花了四十年左右的时间成功跨越了“贫困陷阱”。在“十三五”规划中，中国提出了要“全面建成小康社会”，其中提出到2020年要实现全部贫困人口脱贫。毫无疑问，这将是中国“减贫奇迹”的继续，也将为全世界的发展中国家树立减贫事业的范例。中国的减贫实践也证明，“贫困陷阱”并非不可逾越。

从中国实施联合国千年发展目标（简称MDG）的进展情况来看，除了在保持生物多样性方面外，中国基本实现或者已经实现了“千年发展目标”（见表2-9）。在75个参加MDG评估的国家中，只有25个国家实现了5岁以下儿童死亡率降低2/3的目标，中国位列其中；中国和少数几个国家实现了孕产妇死亡率在1990年基础上下降3/4的目标（见表2-9）。

① 国家统计局编：《中国统计摘要（2017）》，中国统计出版社2017年版，第67页。

表2-9 中国实施千年发展目标进展情况

具体目标	实施情况
目标1:消除极端贫困与饥饿	
目标1A:1990年到2015年,将日收入不足1.25美元的人口比例减半	已经实现
目标1B:让包括妇女和年轻人的所有人充分实现生产性就业和体面工作	基本实现①
目标1C:1990年到2015年,将饥饿人口的比例减半	已经实现
目标2:普及初等教育	
目标2A:2015年前确保所有儿童,无论男女,都能完成初等教育课程	已经实现
目标3:促进两性平等和赋予妇女权利	
目标3A:争取到2005年在中、小学教育中消除两性差距,最迟于2015年在各级教育中消除此种差距	已经实现
目标4:降低儿童死亡率	
目标4A:从1990年到2015年将五岁以下儿童死亡率降低2/3	已经实现
目标5:改善孕产妇保健	
目标5A:1990年到2015年,将孕产妇死亡率降低3/4	已经实现
具体目标5B:到2015年使人人享有健康服务	基本实现②
目标6:与艾滋病病毒/艾滋病、疟疾和其他疾病做斗争	
目标6A:到2015年,遏制并开始扭转艾滋病病毒和艾滋病的蔓延	基本实现③
目标6B:到2010年,实现为所有需要者提供艾滋病病毒/艾滋病的治疗	基本实现④
目标6C:到2015年,遏制并开始扭转疟疾和其他主要疾病的发病率	基本实现⑤
目标7:确保环境的可持续性	
目标7A:将可持续发展原则纳入政策和计划,扭转环境资源损失趋势	基本实现⑥
目标7B:降低生物多样性丧失,到2010年显著降低生物多样性丧失的速度	没有实现
目标7C:到2015年将无法持续获得安全饮用水和基本环境卫生设施的人口比例降低一半	已经实现
目标7D:到2020年,明显改善约1亿棚户区居民的居住条件	很有可能
目标8:建立全球发展伙伴关系	—

资料来源：中华人民共和国外交部、联合国驻华系统：《中国实施千年发展目标报告(2000—2015年)》，2015年7月。

注：①2014年底全国就业人员总量为77253万人，城镇登记失业率为4.09%。2003—2014年，全国城镇累计新增就业达1.37亿人。②2013年，中国户籍人口免费计划生育基本技术服务人群覆盖率达到100%，流动人口达到96%，孕产妇系统管理率89.5%。③2014年新报告艾滋病感染者和病人10.4万例，年增长率14.8%，疫情总体上控制在低流行水平，发病率快速上升的势头得到初步遏制。符合治疗标准的艾滋病病人病死率由2003年的33.1%降至2013年的6.6%。④中国自2004年开始实施免费艾滋病自愿咨询检测，截至2014年基本建成了覆盖城乡的艾滋病防治服务网络。⑤中国结核病疫情上升势头已经得到有效遏制，疟疾发病率显著降低，但近年来慢性病发病率呈上升趋势。⑥自2000年以来，中国将可持续发展原则全面纳入国民经济与社会发展规划，中国的生态系统总体呈现好转态势，环境持续恶化的趋势得到初步遏制。

在未来，随着中国步入世界舞台的中心，中国将以另外一种方式为世界减贫事业做出新贡献，即通过中国加强与广大发展中国家的经济贸易合作以及各种类型的发展援助，帮助广大发展中国家推进减贫事业。例如，2013年，习近平总书记提出“一带一路”倡议；2014年，中国宣布出资200亿元人民币建立“中国气候变化南南合作基金”，支持最贫困的发展中国家应对气候变化，特别是增强发展中国家使用发达国家提供的气候变化资金的能力；2015年底，中国倡导成立了亚洲基础设施投资银行，这将有助于广大亚洲发展中国家推进基础设施领域的投资，进而有助于相关国家的经济增长和减贫事业。

第3章　中国是否会陷入“中等收入陷阱”?

ZHONGGUO

KUAYUE ZHONGDENG SHOURU XIANJING

随着2008年的全球金融危机的蔓延以及对世界贸易和世界经济的影响,中国开始从2007年高达14.2%的高速增长(甚至可以认为是超高速),逐步向中高速增长过渡,进入经济发展的新常态阶段。对此,国际组织(例如,国际货币基金组织、世界银行等)开始下调对中国经济增长的预期。针对中国经济增长速度下调,部分国际媒体发表了针对中国经济发展的悲观论调。

著名经济学家保罗·克鲁格曼2013年在《纽约时报》撰文就曾说中国“将要撞上自己的长城”,甚至认为“唯一的问题是撞上长城后的后果有多么糟糕”。这实际上也是一种“中国经济崩溃论”。2014年3月19日,美国《华盛顿邮报》刊登题为《中国的下一个挑战》的文章,认为中国已陷入“中等收入陷阱”的文章,并认为这是“一件具有国内和国际意义的重大事件”[①]。半年之后,路透社8月30日刊登题为《美智库称中国面临“中等收入陷阱”》,援引美国世界大型企业研究会中国经济与企业研究中心主任伍晓鹰的研究结论:过度建设、产能过剩以及效率低下的国企“进入”民营产业市场,已愈发拖累中国经济增长;在全球金融危机后,中国全要素生产率实际增长率转为负值,从2001—2007年的均值3.3%下滑至2007—2012年的-0.9%,这标志着自1971—1977年以来,全要素生产率首次对增长构成拖累。[②]该项研究也成为判断中国已陷入“中等收入陷阱”的主要依据之一。

① 《参考消息》2014年3月21日。

② 《参考消息》2014年9月1日。

从某种意义上讲，“中等收入陷阱”已经成为国内外媒体或经济学家描述和预测中国经济前景的关键词。那么，中国如何看待“中等收入陷阱”？中国是否会陷入“中等收入陷阱”？

一、中等收入阶段的发展挑战

客观地讲，任何国家在任何发展阶段都不可避免地面临各种发展挑战，而在不同发展阶段，也具有阶段性的发展机遇。长期可持续地稳定增长有赖于把握发展机遇，并且成功应对发展过程中面临的各种挑战，而应对挑战的过程就是要扫除制约发展的障碍，有效控制发展过程中出现的风险。抓不住发展机遇、应对不了发展挑战，则必然陷入增长停滞。总体来看，从中等收入国家跃升为高收入国家是一个国家经济发展比较特殊的阶段，要比从低收入国家过渡到中等收入国家更加复杂。

在这一发展阶段，由于与发达国家仍旧具有显著的发展差距，发展机遇仍旧存在。但是，以往的发展动力有可能弱化，这也使得早期成功的发展战略往往不再继续有效，而新的发展挑战将陆续涌现出来，各种内部和外部的挑战因素有可能交织在一起，使得国家发展面临更高的复杂性，甚至存在多重发展陷阱。“中等收入陷阱”的发生并不是单一原因导致的，很可能是多种复杂因素相互交织、相互作用的结果。很多国家确实落入所谓“中等收入陷阱”之中，但是究其原因在于这些国家并没有有效应对发展道路上面临的种种挑战。

随着中国经济发展和城镇化进程的进一步推进,中国的经济社会结构会进一步发生显著变化,这包括大众的消费水平、消费结构、消费观念、消费模式会发生重大变化,社会结构进一步呈现多元化特征,公众对于更广泛的议题(例如环境保护、社会发展等)的关注度和参与度进一步提升,政府治理所面临的复杂性进一步升级,外部环境对中国的影响更加直接、渠道更加多样、方式更加多元等。从这个意义上讲,"中等收入陷阱"这一概念对现阶段的中国发展具有警示意义,它提出了中国在现阶段要积极转变发展模式、加快发展,并且科学应对各种挑战,实现科学发展,把发展建立在经济的可持续增长、社会和谐、民主政治稳步推进的轨道上。具体而言,中国当前的发展阶段面临以下几个方面的挑战,也正是因为这些挑战,才出现中国掉入"中等收入陷阱"的论断。

1. 经济增长模式转型的挑战

2008年全球金融危机以后,中国经济发展进入了新的阶段,经济发展面临两大挑战:其一,经济增长速度下调,由高速经济增长转向中高速增长,甚至有可能落入中速发展。从经济增长速度来看,"十二五"规划时期,中国GDP增长速度从2011年的9.5%下降到2016年的6.7%。特别是,2015年的经济增长速度是1991年以来首次"破7"。中国经济增长速度的下行也引发了普遍的世界关注。其二,中国的经济结构调整的确进入攻坚期和阵痛期,结构性矛盾凸显,加剧了经济增长下调的压力。进入"十二五"时期以后,中国经济的结构性矛盾突出地反映在房地产高库存以及钢铁、煤炭等部门的产能过剩。此外，债务杠杆高、企业经营成本高也成为制约中国经济增长的重要因素。从某种意义上来讲，经济增长速度下调是结构调整的结果，中国能否实现经济增长方式的转变对中国经济的可持续增长发挥关键作用。

2008年以来中国的经济增长速度有所减缓，这其中既有金融危机冲击影响的外因，也有中国经济发展模式需要转型的内因。但总体上来看，中国从1978年之后进入经济起飞阶段，在近40年的时间内保持了GDP年均增速达9.8%的纪录，经济增长速度已不是当前中国经济发展的主要矛盾。从经济增长模式来看，中国经济长期以来具有明显的投资驱动型增长特征，但是这种增长模式已经明显不能支撑经济继续保持高增长的动力。从1980—2015年期间的中国经济增长率和投资率的动态变化趋势来看，2007年以前两者之间的总体趋势相对是同向变动的。而2007年以后，投资率趋向于上升，“十二五”期间维持在45%左右，但是经济增长率明显下调（见图3-1）。这也表明，2008年以后，投资驱动型的经济增长模式对稳定经济增长的功能明显弱化。

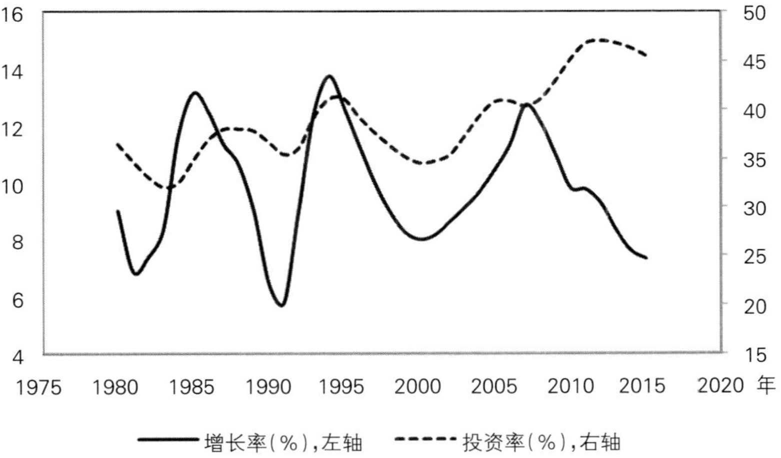

图3-1　中国经济增长率与投资率(1980—2015年)

数据来源:国家统计局编:《中国统计摘要(2016)》,中国统计出版社2016年版。

注:增长率为三年的复合增长率,投资率为三年的几何平均数。

从增量资本产出比例的动态变化来看(见图3-2),2007年以后,该指标出现明显的上升,这表明单位GDP的增长需要更多的投资来支撑,这也隐含地表明资本的生产率出现下降,进而影响到投资回报率。投资回报率的降低将成为投资增长的制约因素,进而有可能拉低潜在经济增长率。因此,中国经济如何转换经济增长模式,逐步建立创新驱动的增长模式,将会有助于提升资本回报率以及经济增长的质量。

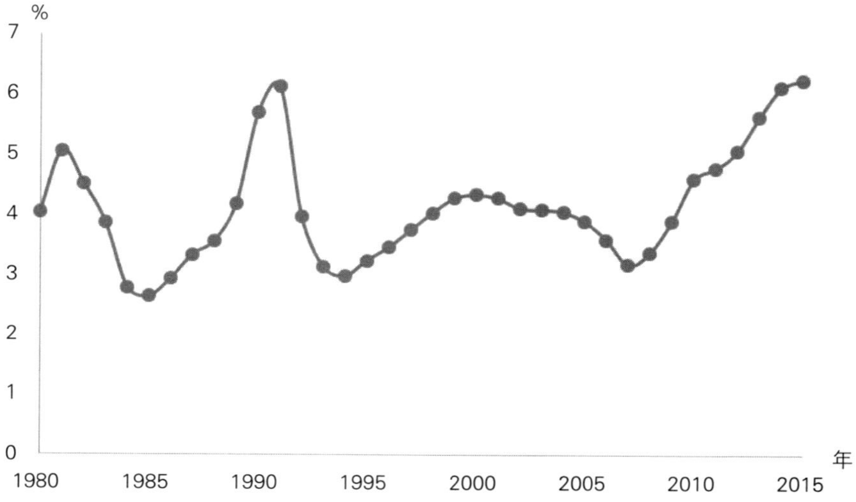

图3-2　增量资本产出比例的动态变化(1980—2015年)

注:增量资本产出比率(Incremental Capital - Output Ratio,ICOR)=当年投资增量(I)/生产总值增加量(ΔY)。即年度投资与当年增量产出之比。本文的增长率为三年的复合增长率,投资率为三年的几何平均数。以上为作者计算结果。

2. 资源环境挑战

从长期来看,资源环境是未来中国经济增长的最大制约性因素。从资源环境来看,水土流失严重、土壤污染与土地退化、耕地资源日趋减少、荒漠化威胁、草原退化加剧、生物多样性降低、大江大河水系污染、部分海域水质污染、地下水污染严重、自然灾害频发、城市空气质量、工业废水排放、生活垃圾处理等问题,都成为当前以及未来中国经济增长质量的制约性因素。中国的生态环境问题与长期以来的"加快增长"目标形成了中国特有的"过度工业化、过度重工业化、过度出口依赖、过度投资驱动、过度粗放增长"的增长模式有关。

根据《2015中国环境状况公报》,中国生态环境的总体状况不容乐观,面临着严峻的挑战(见表3-1)。这些问题如果不能够得到及时处理,势必要加重未来中国的环境治理投入,生态环境事件也可能成为引发社会矛盾的重要源头。总体而言,生态环境问题已经成为威胁中国可持续发展的最大挑战。

需要指出的是,中国的生态环境状况基本遏制住了恶化的趋势,生态环境赤字状况有所缓解。从《2015年中国环境状况公报》的资料显示,大多数环境治理项目均在不同程度上得到了改善,有些指标甚至得到了显著的改善,这是中国不断加强环境治理能力的结果。总体来看,中国政府不断通过机构调整,加强环境保护的国家治理。例如,1988年,中国把环境保护职能从建设部分离出来,成立国家环境保护局;1998年升格为国家环保总局(正部级),但是还不是国务院组成部门;2008年,中国把环境保护总局进一步升级为环境保护部,成为国务院的组成部门,环境保护工作的独立性和权威性不断得到加强。

表3-1　中国生态环境现状及挑战

项目	主要现状及问题
空气污染	2015年，全国338个地级以上城市中，有73个城市环境空气质量达标，占21.6%；265个城市环境空气质量超标，占78.4%。338个地级以上城市平均达标天数比例为76.7%；平均超标天数比例为23.3%。480个城市(区、县)开展了降水监测，酸雨城市比例为22.5%。
水体污染	全国967个地表水国控断面(点位)开展了水质监测，Ⅰ—Ⅲ类、Ⅳ—Ⅴ类和劣Ⅴ类水质断面分别占64.5%、26.7%和8.8%。 5118个地下水水质监测点中，水质为优良级的监测点比例为9.1%，良好级的监测点比例为25.0%，较好级的监测点比例为4.6%，较差级的监测点比例为42.5%，极差级的监测点比例为18.8%。 2015年，全国近岸海域国控监测点中，劣Ⅳ类为18.3%。其中，东海近岸海域劣Ⅳ类为46.3%。入海河流2015年的195个入海河流监测断面中，劣Ⅴ类占21.5%，主要污染指标为化学需氧量、五日生化需氧量和总磷。
生态环境质量	2014年，2591个县域中，生态环境质量为“优”“良”“一般”“较差”和“差”的县域分别有564个、1034个、708个、262个和23个。“较差”和“差”的县域占30.6%，主要分布在内蒙古西部、甘肃中西部、西藏西部和新疆大部。
重要滨海湿地	监测的河口生态系统均呈亚健康状态。80%的河口生态系统海水呈富营养化状态，浮游植物密度偏高。
荒漠化和沙化	第五次全国荒漠化和沙化监测结果显示，截至2014年，全国荒漠化土地面积261.16万平方千米，沙化土地面积172.12万平方千米。与2009年相比，5年间荒漠化土地面积净减少12120平方千米。自2004年以来，全国荒漠化和沙化状况连续三个监测期“双缩减”，呈现整体遏制、持续缩减、功能增强、效果明显的良好态势，但防治形势依然严峻。
生物多样性	全国除海洋鱼类外的4357种脊椎动物受威胁状况的评估结果显示，中国脊椎动物属于灭绝等级(EX)的有4种，野外灭绝等级(EW)的有3种，区域灭绝等级(RE)的有10种，极度濒危等级(CR)的有185种，濒危等级(EN)的有288种，易危等级(VV)的有459种，近危等级(NT)的有598种，无危等级(LC)的有1869种。

续表

项目	主要现状及问题
土地资源及耕地	根据2013年公布的《第一次全国水利普查水土保持情况公报》，中国土壤侵蚀总面积294.91万平方千米，占普查范围总面积的31.12%，其中水力侵蚀129.32万平方千米、风力侵蚀165.59万平方千米。 2014年全国耕地平均质量总体偏低。"优等地"面积占全国耕地评定总面积的2.9%；"高等地"占26.5%；"中等地"占52.9%；"低等地"占17.7%。
农业生产面源污染	全国水稻、玉米、小麦三大粮食作物化肥利用率为35.2%，农药利用率为36.6%。
森林资源	第八次全国森林资源清查(2009—2013年)结果显示，全国现有森林面积2.08亿公顷，森林覆盖率21.63%，与第七次全国森林资源清查(2004—2008年)相比，森林面积增加1223万公顷，森林覆盖率上升1.27个百分点，中国森林资源进入了数量增长、质量提升的稳步发展时期。
草原资源	2015年，全国草原面积近4亿公顷，约占国土面积的41.7%，是面积最大的陆地生态系统和生态安全屏障。2015年，中国的草原生产力有所提高，草原灾害事件有所降低。全国草原鼠害危害面积2908.4万公顷，约占全国草原总面积的7.4%，比2014年减少16.5%；全国草原虫害危害面积1254.7万公顷，约占全国草原总面积的3.2%，比2014年减少9.6%。
污染物排放	废水中主要污染物排放有明显改善。2015年化学需氧量排放总量比2010年下降12.9%；氨氮排放总量比2010年下降13.0%。2015年，全国城市污水处理率达到91.97%，完成"十二五"规划目标要求。

资料来源：中华人民共和国环境保护部：《2015中国环境状况公报》，2016年5月20日。

3. 人口老龄化挑战

人口老龄化是指老年人口占总人口比例不断提高的动态过程，其根本原因是经济发展过程中所伴随的人口生育率降低和人均寿命延长。国际上，通常把60岁以上的人口占总人口比例达到10%，或65岁以上人口占总人口的比重达到7%，作为一个国家或地区进入老龄化社会的标准。根据这个标准，中国在2000年就已经达到人口老龄化标准。按照联合国的人口预测（2015年修改版），2015年以后中国的老龄化进程将明显加快：到2025年，65岁及以上人口比例将达到20.4%，比2015年提高7.3个百分点；到2035年，该指标上升到32.7%，

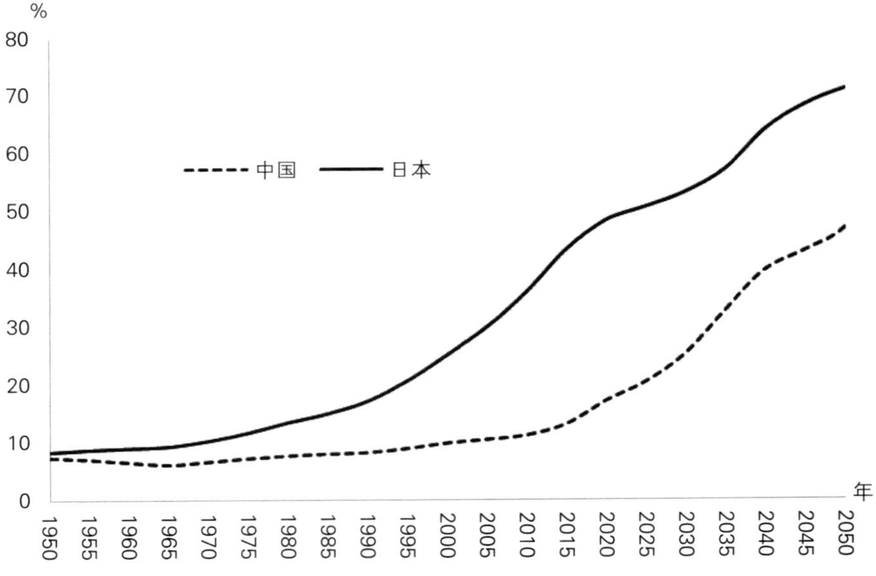

图3-3　中国和日本的老年抚养比（1950—2050年）

数据来源：Populaton Division, Department of Economic and Social Affairs, United nations, World Population Prospects, the 2015 Revision.

注：老年抚养比=65岁及以上人口数/15—64岁阶段人口数。中国人口数据与中国国家统计局的数据略有差异。

比2025年提高12.3个百分点。相对于日本,中国2015年的老年抚养比与日本1980年的相当,2020年的老年抚养比与日本1995年的相当,2050年的老年抚养比相当于日本2015—2020年间的水平(见图3-3)。

一般来说,人口老龄化会制约劳动力供给的增长,进而导致劳动力成本上升,削弱一国劳动力密集型制造业的国际竞争力,对经济增长产生负面作用。事实上,中国从2003年以后,沿海地区的“招工难”现象逐步加剧,劳动力成本已经出现了明显的上升趋势。因此,有一种观点认为,中国未来的经济增长率将随着人口老龄化不可逆转地从高速增长陷入低速增长。这一观点一个重要参照就是日本。图3-4给出了联合国对中国和日本1950—2050年期间的总体抚养比。我们可以看出,日本在20世纪70年代出现了抚养比上升的趋势,由45.25%上升到48.38%,与此同时城镇化率从72%上升到76%,提升4个百分点;20世纪80年代出现抚养比下降的趋势,由48.38%下降到43.40%,甚至低于20世纪70年的水平,与此同时城镇化率从76%上升到77%,仅提升1个百分点。[①]但是,日本GDP在1970—1980年期间和1980—1990年期间的平均增长率大致相等,分别为4.46%和4.64%。此外,日本1990—2000年的总抚养比由43.6%上升到46.6%,上升程度与20世纪70年代相似,但是平均经济增长率仅为1.13%。从以上阶段性的经济增长率和抚养比率的相对变化来看,人口因素并不是日本经济增长率下降的唯一因素。

---

① 根据世界银行的数据,2015年日本的城镇化率达到93%。

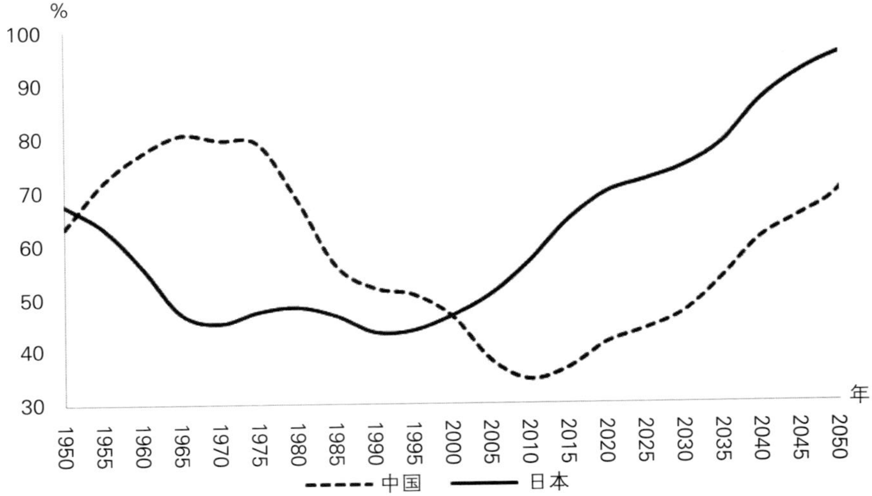

图3-4　中国和日本的总体抚养比(1950—2050年)

数据来源:Populaton Division, Department of Economic and Social Affairs, United Nations, World Population Prospects, the 2015 Revision.

注:总体抚养比=(0—14岁阶段人口数+65岁及以上人口数)/15—64岁阶段人口数。中国人口数据与中国国家统计局的数据略有差异。

表3-2　日本人口、城镇化与经济增长(1960—2010年)

单位:%

	1960—1970	1970—1980	1980—1990	1990—2000	2000—2010
城镇化率变动	63—72	72—76	76—77	77—79	79—91
抚养比变动	56.0—45.3	45.3—48.4	48.4—43.4	43.4—46.6	46.6—56.8
经济增长率	9.22	4.46	4.64	1.13	0.77

数据来源:根据世界银行《世界发展指数》数据库计算。

同理,尽管中国进入人口老龄化阶段,但是也没有必要对此过度悲观。这是因为,人口老龄化只是中国人口状况的一个视角,中国人口还存在其他对经济增长的有利因素。首先,日本在20世纪70年代初期的城镇化率就达到了70%,达到城镇化发展的成熟阶段,而中国在2015年的城镇化率为56.1%,相当于日本1955年的水平。这也表明未来中国城镇化水平的进一步提高将继续成为中国未来20年经济增长的支撑性因素。特别是,随着户籍制度改革的推进,将进一步促进农村人口向城镇转移,这将在一定程度上降低人口老龄化导致的劳动力短缺问题。其次,中国教育事业的发展,特别是高等教育的发展,为未来中国经济增长提供了持续的人力资本支撑。从这个意义上讲,尽管“人口红利”趋于消失,但是“教育红利”将成为促进劳动生产率上升的支持因素。第三,尽管中国的老龄化趋势已经非常明显,但是,就业人口不会出现大幅度的下降,劳动参与率的下降将是一个缓慢的过程。例如,中国65岁及以上人口比率从2010的8.9%上升到2015年的10.5%,但是劳动参与率仅从56.8%下降到56.3%。我们预计,随着中国逐步实行延迟退休政策以及部分退休人口选择非正规就业方式,人口老龄化对经济增长的制约作用将在一定程度上得到缓解。第四,中国已经开始了生育政策调整,这在一定程度上会缓解2030年以后的人口老龄化压力。最后,中国的人口老龄化也有助于促进中国基于消费驱动的经济增长模式。

4. 收入差距挑战

改革开放之初,中国的基尼系数为0.28,收入分配比较平均。改革开放以后,随着市场经济的发展,中国的基尼系数不断上升,2000年左右超过0.4,进入收入分配差距较大的阶段。其中,2008年达到最高水平,为0.491。2008年以后,中国的基尼系数出现下降趋势,但是仍旧属于收入差距较大的国家(见图3-5)。中国是一个地区发展差异和城乡发展差异非常显著的国家,这些差异都是造成总体收入差距的重要原因。需要指出的是,中国的地区差异在2004年出现明显下降。城乡居民收入差距2009年达到最高水平(3.33倍),随后有所下降,2015年为2.95倍。但是,城市内部和农村内部的差距仍旧很大。例如,2015年城市人均可支配收入最高收入20%是最低收入20%的

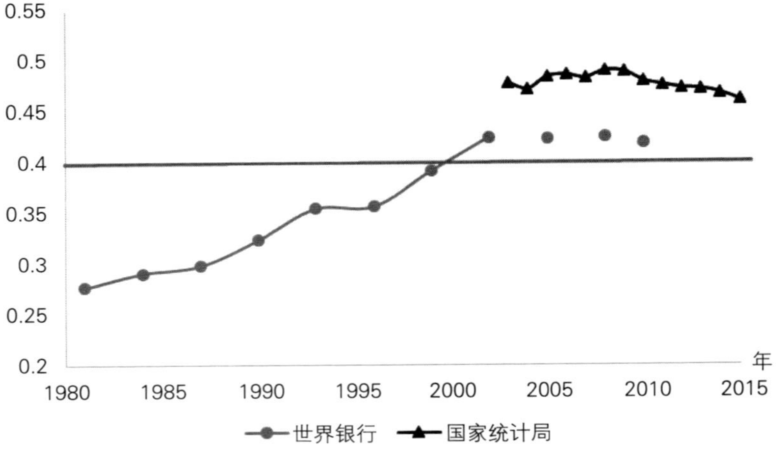

图3-5　历年中国基尼系数(1980—2015年)

数据来源:世界银行;国家统计局。

注:根据联合国有关组织规定:基尼系数低于0.2属于收入绝对平均;0.2—0.3,收入比较平均;0.3—0.4,收入相对合理;0.4—0.5,收入差距较大;0.5以上收入差距悬殊。

5.32倍,相对于2008年的最高水平有所下降(5.77倍);农村人均可支配收入最高收入20%是最低收入20%的8.43倍,与以往时期相比有所提高。这也表明,缩小收入差距仍旧任重道远。

当前,收入差距过大问题已经成为民众关注的主要社会问题之一。《2016年中国社会形势分析与预测》社会蓝皮书根据2015年全国综合社会调查的结果显示,在15类备选的重大社会问题中,选择收入差距过大和贫富分化问题作为当前最重大社会问题的被调查者所占比重排在第三位,而认为"贫富之间存在比较严重或者非常严重的冲突"的被调查者所占比重则位居第一。该结果表明,尽管中国的贫富差距已经开始缩小,但是,贫富差距较大的状况仍旧不容乐观。

收入差距过大对于中国经济社会发展的影响是多重的。首先,收入差距过大必将导致低收入群体的消费能力不能发挥出来,进而使得消费驱动经济增长的潜力不能得到有效发挥,经济增长依然难以摆脱依赖投资和贸易的增长。但是,我们已经看到依赖投资和贸易增长不能保证中国经济增长的可持续性。因此,如果能够有效提高低收入群体的收入增长,释放他们的消费潜力,这将对中国朝着消费驱动型的经济增长具有重要的支撑作用。

其次,收入差距过大也将对中国的社会凝聚力造成重大威胁。总体来说,贫富差距对社会稳定和社会发展具有多方面的负面作用。胡联合和胡鞍钢(2007)总结了贫富差距对社会发展的四种影响:首先,贫富差距问题影响社会心理,引发社会不满情绪的滋生蔓延,影响人心所向,是产生社会不稳定的心理温床;其次,贫富差距问题影响社会秩序,特别是会诱发违法犯罪活动,危害人民的生命财产安全,恶化社会治安形势;第三,贫富差距问题影响社会结构,容易导致社会结构失衡甚至畸形化发展,激化阶层矛盾,甚至会造成社会对立与冲突动荡;第四,贫富差距问题影响社会制度的公正和权威,削弱国家的凝聚力,严重时甚至会危害国家安全和统一。①

总体来看,收入差距问题的产生具有一定的客观性,这与市场经济在城乡之间和地区之间的发展不平衡有关,同时也与制度不完善所导致的机会不公平有关,中国缩小收入不平等的问题是一个长期的挑战。尽管中国的收入差距问题仍然是中国经济发展的一个突出的现象,但是我们也可以看到,中国的收入差距问题开始出现缓解趋势。此外,随着中国不断完善各类社会保障体制,这在一定程度上也会缓解收入差距所导致的不平等问题。

5. 社会稳定的挑战

随着经济增长以及人口和劳动力的流动,社会稳定问题也成为中国经济和社会发展的重大挑战。2011年2月19日,胡锦涛总书记在省部级主要领导干部社会管理及其创新专题研讨班开班式上的重要讲话指出,当前中国既处于发展的重要战略机遇期,又处于社会矛盾凸显期。这在客观上也决定了,如果不能搞好社会稳定,中国极有可能丧失重要的发展机遇期,而当前则是跨越"中等收入陷阱"的战略机遇

① 胡联合、胡鞍钢:《贫富差距是如何影响社会稳定的?》,《江西社会科学》2007年第9期。

期。世界上其他国家在中等收入阶段的发展经验表明,社会稳定对于中等收入阶段至关重要,这是因为在中等收入阶段,经济发展和社会发展的关系更加紧密,经济发展更加有赖于社会发展,而社会发展有赖于社会稳定。如果社会稳定状况不能保证,这势必要加大维持社会稳定的支出,从而对社会发展领域的支出产生挤出效应。

当前,中国正处于中等收入阶段,影响社会稳定的因素包括如下几个方面。首先,社会流动性规模巨大。由于中国存在着明显的地区间和城乡间的发展差距,这也成为人口流动的重要驱动因素。2000年以来,中国的流动人口规模不断扩大,2000年为1.21亿人,2014年流动人口规模达到顶峰(2.53亿人),随后开始有所下降,2016年末达到2.45亿人,[①]2016年流动人口规模相当于总人口的17.7%。总体来看,一部分流动人口属于社会的脆弱人群,极容易受到就业、生病等因素的影响,同时也成为威胁社会稳定的重要因素。

其次,社会结构朝着稳定型的社会结构变迁的过程是复杂的。随着中国经济发展、城镇化进程的推进、教育水平的不断提高以及收入分配格局的不断演变,中国的社会阶层结构仍旧处于变动之中。清华大学李强教授利用第五次和第六次人口普查数据进行的国际社会经济地位指数(ISEI)测算结果表明,中国整体的社会结构正在从2000年的"倒丁字形社会结构"渐变为2010年的"土字形社会结构"。这表明

① 数据来源:《中华人民共和国2016年国民经济和社会发展统计公报》,2017年2月28日。

中国的社会结构正处于变动之中，中国的社会结构仍没有达到稳定型的社会结构（即橄榄型的社会结构），中国社会结构变迁仍旧是中国发展过程中的长期性现象。

在橄榄型社会结构形成的过程中，一个重要特征是中等收入群体比重的持续扩大，这也是2013年发布的《关于深化收入分配制度改革的若干意见》所明确提出的。2016年5月16日，中央财经领导小组第十三次会议上，习近平总书记也特别强调，扩大中等收入群体关系全面建成小康社会目标的实现，是转方式调结构的必然要求，是维护社会和谐稳定、国家长治久安的必然要求。向橄榄型社会结构过渡的一个关键是高质量、包容性的新型城镇化建设，为人民创造经济机会，实现包容式的增长，防止阶层固化，实现效率与公平的良性循环。

总体而言，改革开放以来，中国社会总体是稳定的，但是威胁社会不稳定的因素长期存在，局部的群体性事件时有发生。2000年以来的治安案件和刑事案件发生数量均有显著的增长（见图3-6）。其中，刑事案件立案数稳步增长，治安案件在2010—2014年期间有所下降，但是案件量显著高于2000—2005年期间的水平。这表明，中国的社会稳定状况不容乐观，应当给予高度重视。从增长率来看，2010—2014年期间两类案件的增长率显著低于2000—2010年期间。其中，刑事案件立案数的增长率由2000—2010年期间的5.1%，下降到2010—2014年期间的2.3%；治安案件的增长率则由12.2%下降到-2%。这也表明，尽管社会稳定状况的挑战依然较大，但是开始出现明显的缓解态势。这表明，党中央提出“以人为本”的科学发展观和构建社会主义和谐社会的总目标发挥了积极作用。随着社会治理能力增强,公共服务和基本社会保障覆盖率不断扩大,从总体上看,社会矛盾尤其是发展过程中产生的矛盾会有所缓解。[①]

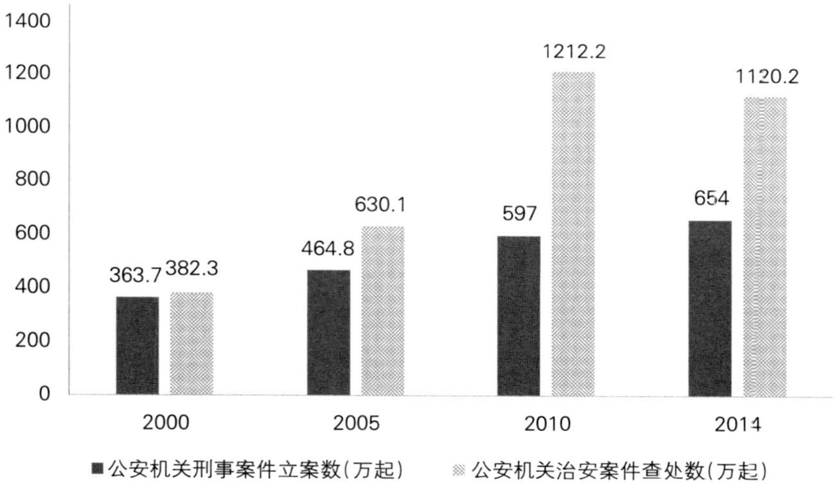

图3–6 刑事案件与治安案件统计(2000—2014年)

数据来源:国家统计局社会科技和文化产业统计司编:《中国社会统计年鉴(2015)》,中国统计出版社2016年版。

总体而言,当今中国社会主题已经是“转型是硬道理”,即从“加快发展速度”转向“加快转变发展方式”,转型的内涵已经由经济转型扩展到社会转型。加快经济社会转型、实现十几亿人口的经济和社会净福利最大化、各类发展成本最小化,要作为现阶段中国发展的基本思

① 胡鞍钢、鄢一龙执笔:《中国:走向2015》,浙江人民出版社2010年版。

路。这就有赖于我们主动解放思想,破除新教条主义论(如增长就是硬道理),破除GDP盲目崇拜论,破除唯经济论。

6. 政治发展与政治稳定

政治稳定是经济发展的前提,政治发展是社会发展的前提,政治稳定和政治发展是中等收入国家跨越“中等收入陷阱”的前提条件。政治发展和政治稳定之间存在互相支撑、互相促进的关系:没有政治稳定,难以保障政治发展;没有政治发展,也难以保障政治的长期稳定。改革开放以来,中国经济快速发展的一个根本保障就是政治总体保持稳定,政治发展取得了显著的成就。这在很大程度上是因为,中国共产党没有固守意识形态的教条,始终坚持“以人为本”的执政理念,不断总结发展过程中的经验教训,提升自身的学习能力、战略规划能力,并在实践中始终以务实的态度应对国内外各种挑战。

改革开放初期,作为执政党,中国共产党恢复了坚持实事求是的思想路线,确立了“以经济建设为中心”“坚持四项基本原则、坚持改革开放”的党的基本路线,并在实践中维护宪法的权威、切实推进经济改革。这些都是重大的政治发展。从逻辑上来讲,没有政治发展,改革开放以来,中国不可能保持长达近40年的高速经济增长。更进一步地讲,中国的政治发展在很大程度上是建立在政治稳定的基础上。

总体来说,威胁中国政治稳定的因素仍旧存在,既包括内部因素也包括外部因素。从外部因素来看,一些西方国家出于意识形态的偏见,对中国发展的成就视而不见,反而对中国发展出现的问题不断提出质疑、否定,甚至抹黑,对中国的政治体制从来没有停止过“指手画脚”,对中国的民主、人权以及民族问题横加指责,不时会出现“中国即将崩溃”的悲观论调。改革开放近40年后,随着中国已经在世界经济和政治格局中占据了重要位置,又出现了“中国威胁论”的论调,甚至在涉及中国主权和领土完整的核心利益问题上,不断搞“小动作”,把中国视为地区和平的破坏者,抹杀了中国在维护世界和平上的努力。因此,必须看到,中国面临的国际环境特别是世界舆论环境,并未随着中国崛起、不断强大而发生根本改变,相反某些方面还有恶化的趋势。

尽管外部因素对中国政治稳定的影响不容忽视,但是,影响中国政治稳定的最大威胁主要是来自国内。在中国进入中等收入阶段后,随着社会开放性的不断提高以及互联网普及率的不断提高,各种威胁社会稳定的思潮开始不断传播。近年来,有一种观点特别有市场,认为中国实行了市场经济,并且参与全球化程度越来越高,中国顺理成章地就应该实行西方民主体制。

这些看法存在以下错误。首先,过度美化了西方民主体制。我们可以看到,作为西方民主体制标杆的美国,在国际社会上把自己标榜为世界人权的卫士,其国内问题也同样是层出不穷,美国的“人权”可谓劣迹斑斑,例如枪支管理失控、暴力执法、种族问题、弱势群体缺乏有效保护。从美国民主体制的运行来看,每次总统选举前夕,民主、共和两党均积极向选民做出承诺,但是履行承诺往往不足。从表面上看,美国的民主体制宣扬人人平等,“一人一票,同票同权”,但是这并不能掩盖美国民主体制在运行中存在的“钞票”影响“选票”的现实。从某种意义上讲,金钱已经成为美国民主政治运行的“润滑剂”,各种利益集团的政治捐款通过资本掌控下的媒体为其经济利益服务，实际上存在着巨大的不公平性。例如，2010年最高法院判定企业的选举献金可不设上限，企业有权利用雄厚的经济实力来支持有利于它们商业利益的候选人，同时也可以抵制有损其商业利益的政策和候选人。

利益集团和游说团体的影响不仅扭曲了民主的进程，也侵蚀了政府有效运作的能力，形成了事实上的“否决政体”，造成了美国社会的政治设定有利于掌握巨额财富的富人阶层，而有利于普通民众的法案往往会被延期或搁置。例如，1976年，时任美国总统卡特就发起了全民医改的倡议，但是遭到搁置。此后，1989年里根提出的“允许免除身患重病的老年人支付灾难性的医疗开销”的法律以及1994年克林顿提出的全民医保法案均遭到美国国会否决。直至2010年，美国国会才通过了由奥巴马总统提出的医疗改革法案。由此可见，事关美国全民福祉的医疗改革，从提出到通过持续了35年。2014年，美国仍有3300万人没有医疗保险，超过美国人口的10%以上。[①]然而，新任美国总统特朗普刚刚上台就废除了奥巴马的医保法案，使得该法案成为短命法案。因此，美国是发达国家中唯一一个没有实现全民医疗保障的国家。相反，中国作为发展中国家，已经基本建立覆盖全民的医疗保险体系。

其次，对中国政治发展的认识不足。改革开放以来，中国不断完

① 数据来源：https://www.census.gov/content/dam/Census/library/publications/2015/demo/PP60-253.pdf.

善人民代表大会制度和政治协商制度,构建了社会主义协商民主体制。早在1981年,党的十一届六中全会将党的群众路线的基本内容概括为“一切为了群众、一切依靠群众,从群众中来、到群众中去”,并把它视为党的根本工作路线。在中国共产党的执政过程中,充分坚持了群众路线。从每年召开的“两会”,我们可以看到人大代表和政协委员充分行使民主权利,为广泛的民生发展问题建言献策。2015年,中共中央印发了《关于加强社会主义协商民主建设的意见》,对新形势下开展政党协商、人大协商、政府协商、政协协商、人民团体协商、基层协商、社会组织协商等作出全面部署。总体来看,中国的民主体制发展,更多地体现在通过广泛吸纳人民群众的发展诉求,并积极通过政策设定给出回应。

对于中国而言,保持政治稳定、社会安定既是整个中华民族的最高利益,也是中国经济社会持续发展的前提条件。在跨越“中等收入陷阱”的过程中,中国必须谨慎地选择社会变革和政治发展方式,既能顺应社会变革以及推进政治发展,但又必须要避免剧烈的社会冲突,防止政治动荡。经历了40年的改革开放实践,无论是党中央,还是人民群众,都越来越理性,越来越成熟,也越来越智慧,适合中国国情、有中国特色、促进中国发展的民主体制有利于中国的政治发展和政治稳定,进而使得政治发展成为国家全面发展的制度保障。

当前来看,中国的政治发展的确面临挑战,一个根本的原因是中国的改革已经进入了深水期和攻坚期,深化改革的艰巨性和复杂性更加突出,涉及更为复杂的利益调整,既得利益群体也完全有可能以维护政治稳定为借口,阻挠深化改革。政治发展的一项根本任务就是为深化改革保驾护航。

从这个意义上讲,“中等收入陷阱”的本质是政治陷阱。那么,避免“中等收入陷阱”的最为关键的因素就是构筑稳定的政治环境。也就是所谓的“天下大治”。而“天下大治”也是最大的国家公益性产品,它保障了一个国家长期、可持续、稳定地实现现代经济增长。在中国,谁是国家公益性产品的提供者呢?就是中国共产党和中国政府,这是他们的主要职责和重大任务。因此,在执政能力上,就是要构筑国家治理体系和治理能力的现代化。国家治理体系的完善程度和治理能力的强弱程度,不仅是一个国家国际竞争力的表现,更是一个国家综合国力的重要方面。没有现代化的国家治理体系和比较强大的国家治理能力,就不可能有效地解决经济发展过程中的各种矛盾和问题,就不可能形成国家建设和发展所必需的向心力、凝聚力,就必然会导致社会不稳定、经济增长停滞,甚至更为严重的问题。构筑国家治理体系和治理能力的现代化,就是要发挥中国的制度优越性。事实上,并没有哪一种制度是放之四海而皆准的。“不顾国情照抄照搬别人的制度模式和发展道路,从来都不会成功,不仅不能真正解决实际问题,还会造成经济停滞、政权更迭、社会动荡、主权丧失等严重后果。”[1]国家治理体系和治理能力的现代化正是解决政治陷阱最为重要的手段。

---

① 王伟光:《努力推进国家治理体系和治理能力现代化》,《求是》2014年12期。

二、中国跨越"中等收入陷阱"的有利条件

从公共政策角度来看,应该明确哪些因素会导致增长路径陷入停滞甚至衰退。是否陷入"中等收入陷阱"取决于一系列的因素,我们认为主要取决于五点:第一,是否实施了正确的发展战略;第二,是否实施了正确的宏观经济管理;第三,是否具备了持续增长的基本能力(例如,基础设施、人力资本等);第四,是否具备了持续的创新能力;第五,是否具备了应对外部冲击和风险的能力。从以上五点来看,中国完全可以跨越"中等收入陷阱",完成从中等收入阶段向高收入阶段的跨越。

1. 经济体制稳步转轨与宏观经济管理日趋成熟

改革开放以来,中国宏观经济管理体制日趋成熟,不仅适应了中国建设社会主义市场经济体制的客观要求,同时也保障了中国宏观经济的总体保持稳定,并实现了经济高速增长。总体来看,中国的宏观经济管理适应了经济体制改革的主要阶段,包括计划经济体制内部引入市场机制改革、有计划商品经济、建立社会主义市场经济体制、完善社会主义市场经济四个阶段。

1978—1984 年期间,中国在计划经济体制内部引入市场机制。1979 年,邓小平划时代地提出了"社会主义也可以搞市场经济"的观点。1982 年党的十二大提出了"计划经济为主、市场调节为辅",不仅

肯定了市场调节的作用,而且把计划调节区分为指令性计划和指导性计划。这一时期,农村推行了以联产承包责任制为主的改革,并对部分工业企业实行扩大自主权的改革。1984年10月党的十二届三中全会通过的《中共中央关于经济体制改革的决定》,正式提出了社会主义经济是公有制基础上有计划的商品经济的思想;1987年党的十三大报告又进一步指出,社会主义有计划商品经济的体制应该是计划与市场内在统一的体制。在此期间,中国逐步开始对计划体制、投资体制、财政体制、金融体制、流通体制、价格体制、分配体制和社会保障制度等宏观调控体制进行改革,以适应市场机制逐步引入的经济体制改革。

1992年的邓小平南方谈话为中国建立市场经济体制破除了意识形态方面的束缚。他提出,计划多一点还是市场多一点,不是社会主义与资本主义的本质区别。计划经济不等于社会主义,资本主义也有计划;市场经济不等于资本主义,社会主义也有市场。计划和市场都是经济手段。基于邓小平讲话的基本论断,党的十四大报告明确提出,中国经济体制改革的目标是建立社会主义市场经济体制。1993年党的十四届三中全会通过的《中共中央关于建立社会主义市场经济体制若干问题的决议》,进一步提出了中国社会主义市场经济体制的基本框架。此后,历届三中全会均为建立和完善市场经济体制做出部署。

从十二届三中全会开始,包括十四届三中全会、十六届三中全会和十八届三中全会,四次三中全会为中国经济体制改革进行了顶层设计,不断深化建设社会主义市场经济体制。而在深化社会主义市场经济体制的过程中,不断厘清政府与市场、政府与社会的关系,并在此基础上不断完善宏观经济管理体制,以适应社会主义市场经济体制的发展。

随着向市场经济体制转型目标的确立,中国开始大力推进以建立现代企业制度为核心目标的国有企业改革,同时大力发展非公有制经济,培育市场经济的微观基础。另一方面,为配合建立社会主义市场经济体制的客观需要,中国不断完善宏观经济调控制度。中国于1994年进行了以“分税制”为主要特征的财税体制改革,并对人民币官方汇率与外汇调剂价格正式并轨,开始实行以市场供求为基础的、单一的、有管理的浮动汇率制。1998年,时任国务院总理朱镕基在九届人大一次会议上提出了“一个确保、三个到位、五项改革”,其中包括多项宏观经济管理体制改革,包括改革金融系统,并对粮食流通体制、投资融资体制、住房制度、医疗制度和财政税收制度改革。这些宏观调控体制改革,不仅有效地应对了亚洲金融危机在20世纪90年代末对中国经济的影响,同时也为中国加入WTO奠定了社会主义市场经济体制宏观经济管理的制度框架。

进入21世纪,中国不断完善宏观经济管理体制,推进市场经济体制的不断完善。2003年党的十六届三中全会通过了《中共中央关于完善社会主义市场经济体制若干问题的决定》,对建立完善市场经济体制进行了全面部署。这包括,继续完善公有制为主体、多种所有制经济共同发展的基本经济制度,提出“统筹城乡发展、统筹区域发展、统筹经济社会发展、统筹人与自然和谐发展、统筹国内发展和对外开放”五大统筹,建设统一开放竞争有序的现代市场体系,完善宏观调控体系、健全就业和社会保障制度。2012年党的十八届三中全会又以完善经济体制和宏观调控为目标，制定了旨在推进国家治理体系与治理能力现代化的改革清单，涉及336项改革举措。特别是，十八届三中全会明确指出，经济体制改革是全面深化改革的重点，核心问题是处理好政府和市场的关系，使市场在资源配置中起决定性作用和更好发挥政府作用。

总体来看，从20世纪90年代以来，中国宏观经济管理能力日趋成熟，为经济的持续增长奠定了基础。从宏观经济的四大指标（经济增长、通货膨胀、失业率、国际收支平衡）来看，中国1992年以来的宏观经济指标的总体状况可以说是优异的。在经济增长方面，1992—2016年期间的平均经济增长率达到9.6%，2016年的人均GDP是1992年的7.7倍。尽管在2007年以后，经济增长率出现了显著的下滑，由2007年的14.2%下滑到2016年的6.7%，但是这主要是受全球金融危机所导致的外部需求增长下降的影响以及国内经济结构调整的影响，并不意味着中国潜在生产率的增长进入长期性下滑。需要指出的是，这次阶段性的经济增长速度下滑不是改革开放以来的第一次。例如，1984—1986年期间从15.2%下降到8.8%（两年间下滑6.4个百分点）；1987—1990年期间，从11.3%下降到3.8%（3年间下滑7.5个百分点）；1992—1998年期间，从14.2%下降到7.8%（6年间下滑6.4个百分点）。

在通货膨胀方面，中国改革开放以来从来没有发生像拉美国家所经历的恶性通货膨胀。特别是20世纪90年代中期以后的20年中，除了1994—1995年期间曾经达到了20%左右的通货膨胀率以外，其余时期的通货膨胀率基本上控制在6%以下,大多数年份控制在4%以下。与广大的新兴经济体相比,中国的通货膨胀表现无疑是非常优异的。一般来说,通货膨胀水平反映了一个国家宏观经济调控部门通过财政政策和货币政策进行宏观调控的总体水平,并且在一定程度上反映了一个国家的政府在宏观经济调控中,是使用了“帮助的手”(helping hands)还是使用了“掠夺的手”(grabbing hands)。“帮助的手”不仅承认市场作为“看不见的手”(invisible hands)发挥资源配置的基础性作用,同时也积极利用“看得见的手”(visible hands)弥补“市场失灵”的领域,例如通过加大基础设施建设为私营经济部门创造更有效率的市场环境,通过不断完善公共服务体系促进社会稳定和消除社会不稳定风险,进而为经济发展创造和谐的社会环境。而“掠夺的手”往往是破坏市场经济运行的基础条件,不仅产生收入分配不公平的现象,而且也往往伴随高通货膨胀现象,不仅对投资活动造成巨大的负面影响,而且民众的金融资产也往往因为高通货膨胀遭到急剧贬值,其结果是民众的财富遭到掠夺。

在失业率方面,中国的城镇登记失业率始终保持在5%以下;2010年以后,城镇登记失业率在4.1%以下。尽管中国还没有公布全口径的调查失业率,但是由于中国在20世纪90年代中期以来实施了积极的就业政策,大力发展私营经济和鼓励非正规就业,城镇就业规模不断扩大,从1995年的1.9亿人上升到2010年的2.32亿人,进而上升到2015年的4.04亿人。城镇新增就业的创造主要是非国有单位完成的。例如,“十一五”(2006—2010年)期间,城镇就业规模增加6298万人，而国有单位就业规模仅增加28万人；“十二五”期间（2011—2015年），城镇就业规模增加5723万人，而国有单位就业规模则降低308万人。从这个意义上讲，民营经济的发展是城镇创造就业的稳定器。

在国际收支平衡方面，自1994年以来，中国实现了经常项目以及资本和金融项目的双顺差。这也建立起了规模庞大的外汇储备，客观上也增强了抵御全球金融风险的能力。加入WTO以后，中国经济参与全球经济的能力快速提升，货物进出口总额从2001年的5097亿美元上升到2014年的43015亿美元，占GDP的比重从38.5%上升到41%（2006年达到最高值，为65%）。2013年，中国已经成为世界第一货物贸易大国，已经成为120多个国家和地区的第一贸易伙伴国。2014—2016年期间，受全球贸易增长放缓的外部影响，中国对外货物贸易出现负增长，但是净出口总额仍旧是正的。

2. 国家战略规划能力不断提高

中国的国家战略规划既体现在各届的党代会，也体现在历届“五年计划”或“五年规划”之中，而后者更是为国家不同发展时期的发展制定蓝图。新中国建立之初，在苏联的帮助下，中国于1953年开始实行五年计划。在计划经济年代，国家计划成为配置资源的主要方式。随着中国不断推进改革开放事业，中国开始逐步引入、不断提升市场在配置资源中的功能，而不是固守计划经济体制。党的十四大报告明确提出，中国经济转型的方向是建立社会主义市场经济体制，就是要使市场在社会主义国家宏观调控下对资源配置起基础性作用。

“九五”计划是邓小平南方谈话后制定的第一个“五年计划”，全称是《中华人民共和国国民经济和社会发展“九五”计划和2010年远景目标纲要》。这也是中国明确向市场经济转轨后的第一个中长期计划,也是一个跨世纪的发展规划,涉及15年的发展展望。从“九五”计划的主线来看,明确提出关键是实行两个具有全局意义的根本性转变,一是经济体制从传统的计划经济体制向社会主义市场经济体制转变;二是经济增长方式从粗放型向集约型转变,促进国民经济持续、快速、健康发展,实现社会全面进步。这两个根本性转变,一个是关于经济体制的根本性转变,一个是关于经济增长方式的根本性转变,这也决定了通过经济体制改革推进经济增长方式转变,提高经济效益。这“两个根本转变”构成了中国发展与改革的主线,既要发展生产力,又要调整生产关系,是一个动态的、相互适应、不断调整的过程。毫无疑问,这个任务不可能在一个五年计划时期内实现,而是花了20多年时间。“十五”计划(2001—2005年)是进入21世纪实施的第一个五年计划,中国已经从低收入阶段进入中等收入阶段,并加入世界贸易组织。“十五”计划提出的主要任务包括:正确处理改革、发展、稳定的关系;遵循速度和效益相统一的原则,推进经济增长方式的转变;充分发挥市场机制的作用;坚持可持续发展战略;逐步缩小地区间的发展差距。总体来看,“十五”计划更加明确地强调协调发展。

随着中国不断建立和完善社会主义市场经济体制,从2006—2010年期间的“十一五”规划,中国开始把“五年”计划改为“五年规划”,把“五年规划”的发展指标分为“约束性指标”和“预期性指标”。两种指标的设定,一方面坚持市场作为“无形之手”在配置资源中发挥基础性作用，另一方面也明确了规划作为“有形之手”在配置资源中发挥引导性功能，也是政府发挥引导发展职能的重要手段。客观地讲，由于存在“市场失灵”，政府的宏观管理则是必不可少的，而规划既是宏观管理的出发点，也是宏观管理要实现的重要目标。“约束性指标”的设定主要集中于节能环保和民生发展领域，这表明“十一五”规划以来，国家发展规划更加强调提高发展的质量和发展成果的共享性。

总体而言，“十一五”规划以来，中国更加重视基于“五年规划”的目标治理。从“五年规划”的制定过程来看，它是一个凝聚全社会发展共识的过程，是一个全社会高度参与的过程，从本质上是一种发展民主的体现。从国家发展战略的角度来看，发展规划已经成为国家发展的方向盘，从“五年规划”制定的理念和目标来看，越来越体现为国家发展的适应性、综合性、科学性和引领性，不断转变政府职能，加强和谐社会建设，加快转变增长方式，把体现“绿色发展”的相关发展指标作为约束性指标列入“五年规划”，推动发展模式实现由“加快发展”——单纯地追求经济增长速度，向“科学发展”的转变，即更加全面、包容、协调、可持续的发展。

从“十一五”规划的主线来看，加快转变经济增长方式，要把节约资源作为基本国策，加快建设资源节约型、环境友好型社会，促进经济发展与人口、资源、环境相协调，推进国民经济和社会信息化，切实走新型工业化道路。从“十二五”规划的主线来看，以科学发展为主题，以加快转变经济发展方式为主线，把经济结构战略性调整作为加快转变经济发展方式的主攻方向。从“十三五”规划的主线来看，把推进供给侧结构性改革作为经济结构调整和升级的重要手段,全面推进“创新、协调、绿色、开放、共享”五大发展理念,实现到2020年全面建成小康社会。

总体来看,从“九五”计划提出加快转变经济增长方式到“十三五”规划提出供给侧结构性改革,把经济结构战略性调整作为基本方向和重要抓手,中国经济发展的主线也是比较清晰一致的,其内涵也是不断扩展丰富的。这就要求不仅要保持经济的持续、稳定的高增长,也要保证经济结构不断调整、不断优化、不断升级,更加重视经济发展的质量。“十一五”规划以来,中国经济发展逐步纳入科学发展轨道,实现了经济发展方式转变,经济发展的社会成本、资源消耗、生态代价明显下降,安全生产状况明显好转,地区生产总值差距继续缩小,资源集约利用水平提高,环境污染排放减少,环境质量初步改善,生态建设成效显著。“十三五”时期是全面纳入科学发展轨道的关键时期与攻坚时期,要在五大发展理念的指引下,全面推进供给侧结构性改革,适应和引领经济发展新常态,实现绿色发展、和谐发展和可持续发展,在2020年全面建成小康社会,并为跨越“中等收入陷阱”奠定坚实的发展基础。

时至今日,中国已经实施了十三个“五年规划”。作为发展的整体性安排,这已经成为中国发展的蓝图和行动纲领,是一种有意识的发展治理,在明确规定了各个发展时期的发展目标、发展任务、发展战略以及政策措施的基础上,服务于国家的整体发展、长远发展和协调发展,是基于发展目标的国家治理。从中国改革开放以来各阶段的战略调整来看,国家发展战略并没有遵循着一种教条式的发展模式,而是持续地进行改革，持续地创造改革红利，不断发挥市场“无形之手”的基础性、决定性作用，不断探索政府“有形之手”的宏观调控功能和发展规划功能，积极调动中央和地方两方面的积极性，促进有效市场和有为政府的有效结合。这也解释了中国经济为什么能够长期保持较高的增长速度。

需要指出的是，中国的发展战略制定不仅仅限于五年发展时期，也会在党代会上提出更长期的发展目标。例如，1982年党的十二大报告提出，从1981年到20世纪末的20年，中国经济建设总的奋斗目标是，在不断提高经济效益的前提下，力争使全国工农业的年总产值翻两番，人民的物质文化生活可以达到小康水平。这是首次把“小康”作为长远的发展目标提出来，但是“小康”的范畴还局限于“小康生活”。从某种意义上讲，“小康生活”还只是从人均收入水平的角度来看待“小康”这个概念。例如，1997年党的十五大报告提出，21世纪第一个十年要实现国民生产总值比2000年翻一番，使人民的小康生活更加宽裕。

2002年党的十六大首次提出“全面建设小康社会”，这超越了“小康生活”的概念范畴，“小康社会”的内涵更加丰富。党的十六大报告提出，21世纪头20年对中国来说是一个必须紧紧抓住并且可以大有作为的重要战略机遇期。为此，党中央明确提出：要在本世纪头20年，集中力量，全面建设惠及十几亿人口的更高水平的小康社会。时任国家计委主任曾培炎还提出了2020年小康社会的三个量化指标。一是富民目标，人均国内生产总值年均增长7.2%，2020年人均国内生产总值达到3000美元以上;二是城镇化目标,城镇化率每年提高一个百分点,到2020年城镇化率超过50%;三是基本实现工业化目标,农业从业人员比重到2020年降到30%左右。现在回头来看,中国已经提前实现上述目标:2015年GDP相当于2000年的3.96倍,人均GDP已经达到8000美元(现价美元),城镇化率达到了56.19%,农业就业比重已降至28.3%,顺利地跨入了上中等收入阶段,为全面建设小康社会奠定了新的历史台阶。[①]

党的十八大更加明确了“到2020年全面建成小康社会”的发展目标。习近平总书记把农村贫困人口脱贫视为全面建成小康社会最艰巨的任务。“小康”的内涵又一次发生了重要变化。以往,对“小康”的认识往往是指提高人民的平均生活水平,是从“平均意义上”看待“小康”。例如,1997年党的十五大报告提出,21世纪第一个十年要实现国民生产总值比2000年翻一番,使人民的小康生活更加宽裕。而将“2020年实现全部贫困人口脱贫”作为衡量全面建成小康社会的重要标准,实际上是对“小康社会”的一种“底线思维”,也就是说全面建成小康社会不仅要实现全体人民平均生活水平的普遍提高,更重要的是要实现最贫困人口的脱贫。全面消除贫困不仅要让农村贫困人口的收入水平脱离贫困线,同时也要保障贫困人口主要基本公共服务接近全国平均水平。这表明,中国不仅在贫困线的标准设定上高于世界银

① 2014年,中国人均GNI(现价美元)已经达到了7400美元,即使按照不变价格计算,也达到了近4000美元,提前实现了2020年的目标。

行绝对贫困标准，而且减贫目标的实现通过国家发展规划目标的设定而更加具有保障。特别是，公共服务主要领域要实现接近全国平均水平这一要求，实际上是对贫困人口脱贫的一个极大保障，有助于降低贫困家庭的脆弱性，特别是防止贫困农民家庭“因病返贫”。

总体来看，“小康”作为描述中国发展目标的关键词，从1979年提出到现在已接近40年的时间了，“小康”的内涵不断丰富，从最初的“小康生活”“小康水平”，到“总体小康”，再到“全面小康”，最后提出“全面建成小康社会”。这一过程既反映了共产党作为执政党对于全国人民的执政承诺，也反映了党的发展目标的一致性以及发展战略的阶段性。

另外一个反映中国共产党通过战略思维引领国家长期发展的例子是提出“两个一百年”奋斗目标。1997年，党的十五大报告首次提出“两个一百年”目标，其表述是：到建党一百年时，使国民经济更加发展，各项制度更加完善；到世纪中叶建国一百年时，基本实现现代化，建成富强民主文明的社会主义国家。2012年，党的十八大报告重申了“两个一百年”目标：在中国共产党成立一百年时全面建成小康社会，在新中国成立一百年时建成富强民主文明和谐的社会主义现代化国家。

2017年，党的十九大报告作出中国特色社会主义进入新时代的重大论断，指出我国社会主要矛盾已经转化为人民日益增长的美好生活需要和不平衡不充分的发展之间的矛盾，提出了党的奋斗目标的新要求，即从党的十九大到党的二十大是“两个一百年”奋斗目标的历史交汇期，要完成全面建成小康社会的历史任务，这是中国共产党人自邓小平提出“小康”以后领导中国人民历经40年的不懈奋斗实现的发展成就。进一步,十九大报告提出了面向第二个“百年”奋斗目标的战略部署,提出了中国共产党人领导中国人民面向本世纪中叶的宏伟发展蓝图:从2020年到2035年,在全面建成小康社会基础上,再奋斗15年,基本实现社会主义现代化。这也意味着原定的我国基本实现现代化的目标将提前15年完成。从2035年到本世纪中叶,在基本实现现代化的基础上,再奋斗15年,把我国建成富强民主文明和谐美丽的社会主义现代化强国。这一战略安排是继邓小平提出“小康社会”发展蓝图后的又一大宏伟蓝图,我们可以称之为“社会主义现代化强国”蓝图。

总体而言,中国共产党作为执政党已经通过成熟的制度安排制定国家发展各个领域的发展战略,这体现在历届党代会报告以及每届党代会的历次全会。一般来说,三中全会主要是安排经济改革事项;五中全会涉及讨论下一个五年规划;此外,四中全会、六中全会涉及党建、法治建设、文化建设、社会建设等主题。这些全会所形成的决议也成为中国共产党治理国家的共识,同时也体现了中国共产党在不同时期对于国家发展的使命感和承诺。

以党的十八大以来的历次全会为例,中共中央通过全会决议,明确国家发展目标和国家治理的方法论。党的十八届三中全会为2013—2020年期间全面深化改革做出了战略部署,全会决议形成了以习近平总书记为核心的中国共产党旨在通过深化改革全面推动国家发展的蓝图,强化了深化改革的政治决心,明确提出了“国家治理体系以及治理能力现代化”的宏伟目标,把市场在资源配置中的作用从“基础性作用”改为“决定性作用”。此外,该决议围绕全面深化改革60个方面、336项具体措施，明确了到2020年要完成的任务清单。由于这些任务清单是明确的，需要完成的时间也是给定的，因此，到2020年能否完成这些改革任务也是可以评估的。这也表明，中国共产党在执政实践中会基于长期的发展目标履行对国家发展的政治承诺。

党的十八届四中全会对全面推进依法治国作出重大部署，强调把法治作为治国理政的基本方式，这也是首次以全会的形式专题研究部署全面推进依法治国。这次全会提出依法治国的重要观点：法律是治国之重器，良法是善治之前提；公正是法治的生命线，法律的权威源自人民的内心拥护和真诚信仰；法律的生命力在于实施，法律的权威也在于实施。全会的决议明确了全面推进依法治国的重大任务，包括：完善以宪法为核心的中国特色社会主义法律体系，加强宪法实施；深入推进依法行政，加快建设法治政府；保证公正司法，提高司法公信力；增强全民法治观念，推进法治社会建设；加强法治工作队伍建设；加强和改进党对全面推进依法治国的领导。总体来说，十八届四中全会对全面推进依法治国提出了全面的顶层设计，为中国完善法制体系、推进国家治理体系与治理能力现代化设计出了新的路线图。

党的十八届五中全会针对中国经济发展进入新常态以及面向2020年全面建成小康社会提出了发展新理念、新思路和新举措。这次全会对中国的发展形势做出了明确的判断，即中国发展既面临大有作为的重大战略机遇期，也面临诸多矛盾相互叠加的严峻挑战。为此，全会通过的《中共中央关于制定国民经济和社会发展第十三个五年规划的建议》明确提出了“创新、协调、绿色、开放、共享”“五大发展理念”,这既是对以往国家发展经验的高度凝练,也是旨在解决当前中国经济社会发展重大问题的战略思维。

党的十八届五中全会提出了全面建成小康社会新的目标要求:经济保持中高速增长,在提高发展平衡性、包容性、可持续性的基础上,到2020年国内生产总值和城乡居民人均收入比2010年翻一番,产业迈向中高端水平,消费对经济增长贡献明显加大,户籍人口城镇化率加快提高;农业现代化取得明显进展,人民生活水平和质量普遍提高,我国现行标准下农村贫困人口实现脱贫,贫困县全部摘帽,解决区域性整体贫困;国民素质和社会文明程度显著提高;生态环境质量总体改善;各方面制度更加成熟更加定型,国家治理体系和治理能力现代化取得重大进展。此外,2015年底,中共中央提出了供给侧结构性改革,并且把供给侧结构性改革作为“十三五”时期经济发展的主线,推进经济结构调整、提高经济增长的质量和效益,进而引领经济发展新常态。

总体来说,党的十八大以来,中共中央着眼于国家发展的关键环节、重点领域、主攻方向进行了全面的战略布局,提出了“全面建成小康社会”“全面深化改革”“全面推进依法治国”,以及“全面推进从严治党”,形成了“四个全面”的战略布局,和经济建设、政治建设、文化建设、社会建设、生态文明建设的五大建设。十八大以来,通过统筹推进“五位一体”总体布局、协调推进“四个全面”战略布局,中国社会主义现代化建设事业全面开创新局面:经济保持中高速增长,发展质量和效益不断提升,人民生活显著改善,生态文明建设成效显著,人民的幸福感和获得感普遍增强;全面深化改革取得重大突破,改革全面发力、多点突破、纵深推进，改革的系统性、整体性、协调性不断增强，主要领域改革主体框架基本确立；在全面依法治国和全面从严治党的推动下，民主法治建设全面推进，党的领导体制机制不断完善，法治国家、法治政府、法治社会建设相互促进，风清气正的政治生态和和谐稳定的社会环境得以确立；社会主义核心价值观得以弘扬，国家文化软实力和中华文化影响力显著提升，文化自信得到显著增强。展望十九大后的中国发展，随着“十三五”规划的实施和完成，我们预期到2020年中国国家治理体系更加完备，国家治理能力显著提高；进一步，到2035年基本实现国家治理体系和治理能力现代化，成为基本实现社会主义现代化的制度保障和显著特征。更进一步地讲，在习近平新时代中国特色社会主义思想的指导下，中国特色社会主义道路更加坚定、理论更加完备、制度更加完善。

3. 基础设施现代化为中国经济发展提供有力支撑

从基础设施方面的发展来看，中国已经进入基础设施现代化加速阶段。2001年以来，交通、通信、能源三大基础设施快速发展，成为经济发展的重要发动机和先行基础部门。

从交通基础设施来看，中国的高速公路建设起始于20世纪80年代末，20世纪90年代初以后进入快速发展期。1995年，中国的高速公路仅有2100千米，到了2000年提高到1.63万千米，大约是1995年的8倍。2005年进一步提高到4.1万千米，是1995年的20倍；2015年进一步提高到12.35万千米。铁路基础设施在2008年进入快速发展阶段。1980—2008年期间，中国的铁路营运里程从5.33万千米上升到

7.97万千米，增长了2.64万千米，平均每年增长879千米；而2008—2015年期间，提高到12.1万千米，平均每年增长6157千米。

高速铁路的发展不仅是中国交通基础设施在规模上扩张的亮点，也是中国交通基础设施升级的重要标志。2008—2015年期间，高铁的发展从无到有，实现了现代交通基础设施的跨越式发展，到2015年底高铁营运里程数已经达到1.98万千米（见图3-7）。高速铁路与其他铁路共同构成的快速客运网已超过4万千米，基本覆盖中国各省会及50万以上人口城市。按照“十三五”规划目标，2020年高铁营运里程将达到3万千米，覆盖80%以上的大城市。按照2016年7月公布的《中长期铁路网规划》，到2025年，铁路网规模将达到17.5万千米左

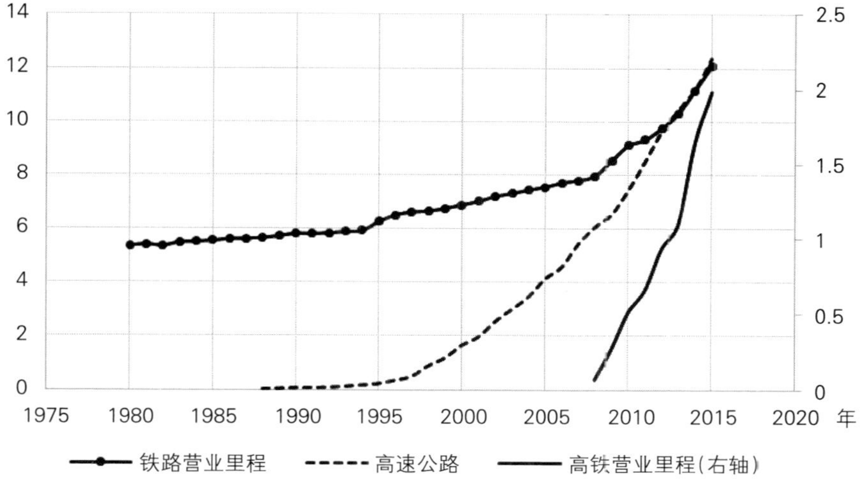

图3-7　交通基础设施（1980—2015年，万千米）

数据来源：国家统计局编：《中国统计年鉴（2016）》，中国统计出版社2016年版。

右，其中高速铁路3.8万千米左右，网络覆盖进一步扩大，路网结构更加优化，骨干作用更加显著，能更好发挥铁路对经济社会发展的保障作用。预计到2030年，中国的铁路能基本实现内外互联互通、区际多路畅通、省会高铁连通、地市快速通达、县域基本覆盖。

从能源基础设施的发展来看，2000年以后中国进入大发展时期。其中，发电装机容量从2000年的3.19亿千瓦上升到2015年的15.25亿千瓦，基本上适应了这一时期的经济快速增长；管道输油气里程从2000年的2.47万千米上升到2015年的10.87万千米（见图3-8）。除了基础设施的整体规模不断提高以外，各类能源基础设施的发展大大提高了能源跨区域配置。中国国情的一个基本特征是人口分布、资源储量和经济发展水平存在着极大的空间不平衡。总体而言，中国的西部

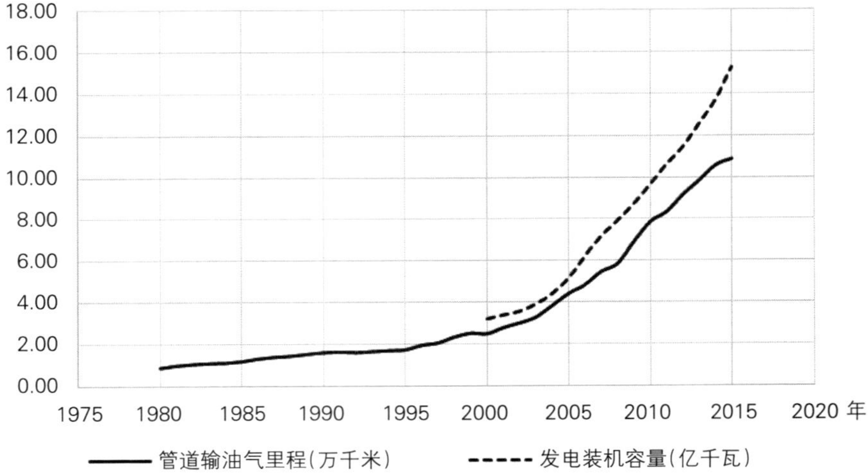

图3-8　能源基础设施（1980—2015年）

数据来源：国家统计局编：《中国统计年鉴（2016）》，中国统计出版社2016年版。

地区资源富集,但是人口密度和经济发展水平显著低于东部地区。从中国的能源类资源分布来看,煤炭资源主要分布在北方,水电资源主要分布在西南地区,油气资源主要集中在西部地区,而中国的东部地区是经济发达地区,也是能源消费的主要地区。由于中国的能源生产和能源消费存在着显著的空间差异,能源基础设施的发展对中国的经济发展发挥了重要的支撑作用。2000年以后,随着中国实施西部大开发战略,“西气东输”“西电东送”等重大能源建设项目被列为西部大开发的重点项目,基本奠定了中国区域之间的能源配置格局,有力地促进了中国地区间的经济协调发展。2004年之后,中国各地区之间开始出现稳定的地区间经济发展趋同趋势。

信息基础设施的发展也可以说是中国进入21世纪最大的经济发展亮点,特别是在现代信息基础设施(移动电话交换机容量和光缆线路长度)的发展方面,相对于中国的经济发展水平,实现了“跨越式”发展。其中,2015年的光缆长度是2000年的20倍;2015年的移动电话交换机容量是2000年的15倍(见图3-9)。信息基础设施的大发展是中国国家信息化战略得到有效落实的结果。2001年国家首次明确提出“三网融合”的概念,即促进电信、电视、互联网三网融合。随后,中国通信基础设施无论在覆盖率还是在技术水平上均获得了快速发展,特别是移动通信和宽带普及水平不断提高,基本实现了信息基础设施的普遍接入,成为世界上移动通信和互联网规模的强国。现代信息基础设施的快速发展成为支持中国以互联网和移动通信快速发展以及广泛应用为特征的“新经济”的快速发展。

在"十三五"规划中,中国提出"加快构建高速、移动、安全、泛在的新一代信息基础设施,推进信息网络技术广泛运用,形成万物互联、人机交互、天地一体的网络空间"。该规划提出,到2020年,中国要实现城镇地区光网覆盖,98%的行政村实现光纤通达,优化国际通信网络布局,完善跨境陆海缆基础设施。在通信技术发展方面,提出积极推进第五代移动通信(5G)和超宽带关键技术研究,启动5G商用,超前布局下一代互联网。可以预计,到2020年左右,中国的信息基础设施覆盖水平、通信技术水平将达到一个新高度,成为移动通信和互联网发展的强国,拓展中国的网络经济空间。特别是,随着"十三五"规划提出的"互联网+"行动计划的实施,中国的"新经济"发展将成为中国经济新常态条件下推进产业结构调整和产业升级的支撑。

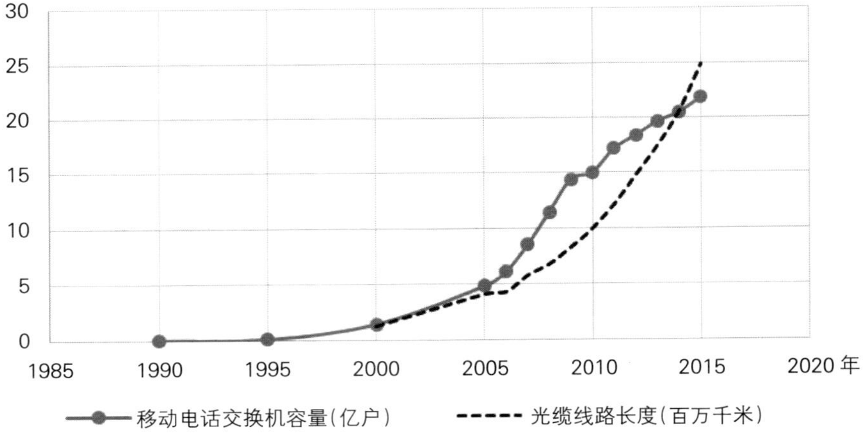

图3-9　通信基础设施(1990—2015年)

数据来源:国家统计局编:《中国统计年鉴(2016)》,中国统计出版社2016年版。

4. 中国已经具备了创新驱动发展的基本条件

早在20世纪80年代,中国就开始从国家战略层面进行旨在提升科技创新能力的战略部署。1986年,邓小平根据王大珩、王淦昌、杨嘉墀、陈芳允四位科学家向国家提出要跟踪世界先进水平、发展中国高技术的建议,做出重要批示。随后,国务院批准了《高技术研究发展计划(“863”计划)纲要》,该计划选择对中国未来经济和社会发展有重大影响的生物技术、信息技术等7个领域,确立了15个主题项目作为突破重点,以追踪世界先进水平。1988年9月,邓小平在全国科学大会上提出了“科学技术是第一生产力”的著名论断;1988年10月,邓小平在视察北京正负电子对撞机工程时提出,中国必须发展自己的高科技,在世界高科技领域占有一席之地。

进入2000年以后,中国对科学技术发展的认识进一步扩展为以创新推动国家发展。2002年,党的十六大提出“增强自主创新能力、建设创新型国家”的重大战略思想。2012年,党的十八大进一步明确提出“实施创新驱动”的发展战略,提出要坚持走中国特色自主创新道路。2017年,党的十九大提出加快建设创新型国家。基于推进创新驱动发展的国家战略,党的十六大以后出台了多项旨在推进创新驱动发展的中长期规划。例如,2006年制订了《国家中长期科学和技术发展规划纲要(2006—2020年)》;2010年制订了《国家中长期教育改革和发展规划纲要(2010—2020年)》和《国家中长期人才发展规划纲要(2010—2020年)》。这三大中长期规划基本奠定了基于教育事业、人才事业和科技事业“三位一体”的创新驱动发展战略,并且提出明确的发展目标。[①]此后，中国又陆续制订若干促进创新发展的国家规划。例如，2007年1月，国务院公布《国家自主创新基础能力建设"十一五"规划》；2013年5月，国务院公布《"十二五"国家自主创新能力建设规划》；2016年8月，中国发布了《"十三五"国家科技创新规划》。这些规划明确提出要面向国家战略需求和世界科学技术前沿，提升原始创新能力、集成创新能力和引进消化吸收再创新能力。

除了针对科技创新方面的规划以外，中国还制订了旨在促进高技术产业发展的相关规划。例如，2007年中国制订了《高技术产业发展"十一五"规划》，涉及电子信息产业、生物产业、航空航天产业、新材料产业、新能源产业、海洋产业等高技术制造业和以电信业、网络产业、

① 例如，《国家中长期科学和技术发展规划纲要(2006—2020年)》明确提出，到2020年，全社会研究开发投入占国内生产总值的比重提高到2.5%以上，力争科技进步贡献率达到60%以上，对外技术依存度降低到30%以下，本国人发明专利年度授权量和国际科学论文被引用数均进入世界前5位。《国家中长期教育改革和发展规划纲要(2010—2020年)》提出，到2020年，基本实现教育现代化，基本形成学习型社会，进入人力资源强国行列。其中，普及高中阶段教育，毛入学率达到90%；高等教育大众化水平进一步提高，毛入学率达到40%；新增劳动力平均受教育年限从12.4年提高到13.5年；主要劳动年龄人口平均受教育年限从9.5年提高到11.2年，其中受过高等教育的比例达到20%，具有高等教育文化程度的人数比2009年翻一番。《国家中长期人才发展规划纲要(2010—2020年)》提出的总体目标：培养和造就规模宏大、结构优化、布局合理、素质优良的人才队伍，确立国家人才竞争比较优势，进入世界人才强国行列，为在本世纪中叶基本实现社会主义现代化奠定人才基础。其中，人才资源总量从现在的1.14亿人增加到1.8亿人，增长58%，人才资源占人力资源总量的比重提高到16%；人力资本投资占国内生产总值比例达到15%，人力资本对经济增长贡献率达到33%，人才贡献率达到35%。

数字内容产业等为代表的高技术服务业。2012年,出台了《“十二五”国家战略性新兴产业发展规划》,旨在加强谋划战略型新型产业布局,推动科技创新与经济的融合,确立了节能环保、新一代信息技术、生物、高端装备制造、新能源、新材料、新能源汽车等产业战略性新兴产业,规划了20项重大工程。2015年,围绕实现制造强国的战略目标,中国提出了《中国制造2025》规划,提出通过“三步走”实现制造强国的战略目标:第一步,到2025年迈入制造强国行列;第二步,到2035年中国制造业整体达到世界制造强国阵营中等水平;第三步,到新中国成立一百年时,综合实力进入世界制造强国前列。围绕实现制造强国的战略目标,《中国制造2025》明确了9项战略任务和重点,提出了8个方面的战略支撑和保障。①此外,2015年还发布了《关于积极推进“互联网+”行动的指导意见》。

除了上述从国家战略层面的推动以外,中国人力资本的快速发展成为创新发展的基础。从人力资本的发展来看,中国教育事业的发展使得人力资本迅速累积。特别是20世纪末以来,中国进入人力资本快速成长期。从本专科毕业生规模来看从2000年的95万上升到2015年的681万人,其间年平均增长率达到14%。2000—2015年期间,中国普通本专科累计毕业生达到6083万人,规模相当于意大利的人口总量。2000年全国大专以上人口为4571万人,到2014年达到1.58亿

① 2016年4月6日,国务院总理李克强主持召开国务院常务会议,会议通过了《装备制造业标准化和质量提升规划》,要求对接《中国制造2025》。

人，相当于2000年的3.45倍（见图3-10）。

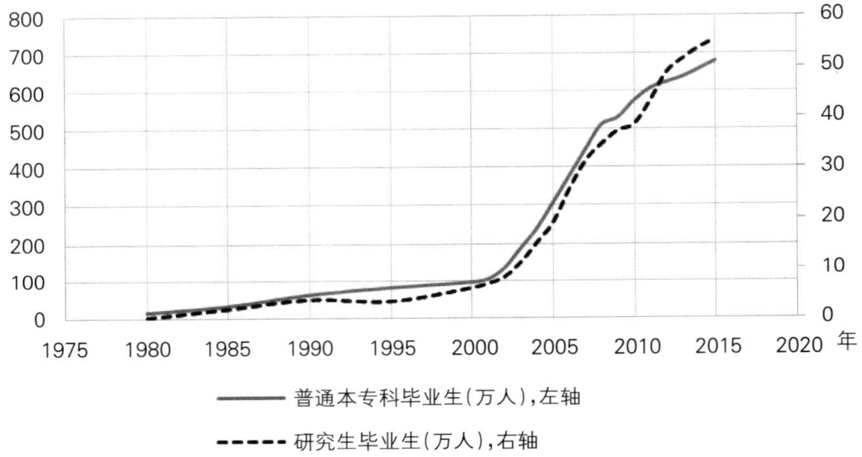

图3-10　本专科毕业生与研究生毕业生数统计（1980—2015年）

数据来源：国家统计局编：《中国统计年鉴（2016）》，中国统计出版社2016年版。

研究生毕业数从2000年的5.88万人增长到2015年的55.15万人，2000—2015年期间，研究生毕业数累计为485万人，规模相当于新西兰的人口总量。留学生回国数量从2000年的0.91万人增长到2015年的40.91万人，2000—2015年累计学成回国留学人员为210万人。从学成回国留学人员与出国留学人员的数量比例来看，2000年为1∶4.27，2015年下降到1∶1.28（见图3-11）。这也客观上表明，中国国内发展已经产生了强大的吸引力。

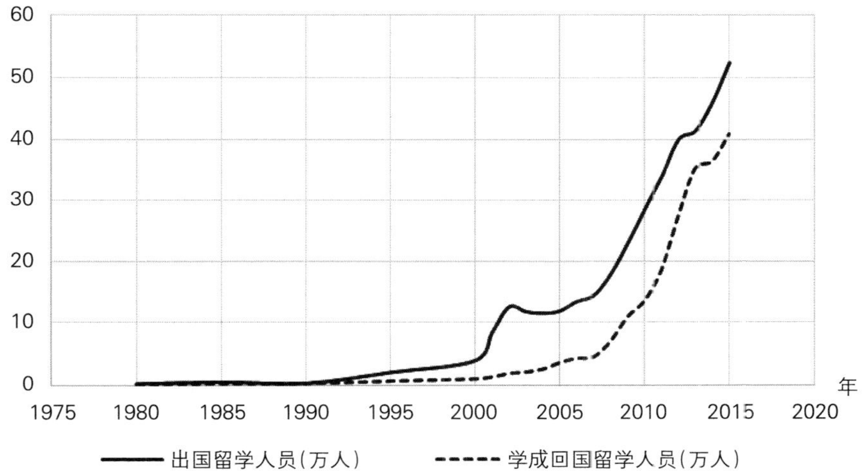

图3-11　留学人员统计(1980—2015年)

数据来源:国家统计局编:《中国统计年鉴(2016)》,中国统计出版社2016年版。

基于国家创新驱动发展战略的逐步形成以及人力资本支持,中国也加大了在科技创新领域的投入。例如,在研究开发(R&D)经费投入方面,2010年全社会R&D经费支出占GDP的比重已经从2010年的1.73%上升到2015年的2.07%,接近"十三五"规划目标(2.2%),已经超过欧盟28国的平均水平。按照"十三五"规划目标,全社会R&D经费支出预计占GDP的比重达到2.5%,有望接近美国的投入强度。从R&D经费来源来看,企业成为R&D活动的主体,企业资金所占比例始终维持在70%以上,2015年达到75%,R&D投入格局与发达国家类似。①从专利申请来看,2015年,每万人口发明专利拥有量达到6.3件,大大超过"十二五"规划确定的目标(为3.3件)。进一步地,"十三五"规划提出,每万人口发明专利拥有量达到12件(见表3-3),届时中国的科技创新能力将在现有的基础上再上一个台阶。

表3-3　中国创新发展关键指标

	2010年	2015年	2020年目标值
R&D经费支出(亿元)	7063	14170	23200
R&D经费支出与GDP之比(%)	1.73	2.07	2.5
发明专利受理数(万件)	39.1	110	177
发明专利授权数(万件)	13.5	35.9	55.2
每万人口发明专利拥有量(件/万人)	1.7	6.3	12
发明专利拥有量(万件)	22.8	118.9	168

数据来源:国家统计局编:《中国统计年鉴(2015)》,中国统计出版社2015年版;国家统计局编:《中国统计年鉴(2016)》,中国统计出版社2016年版。

随着科技创新的发展,科技创新成果的应用也呈现快速增长态势。技术市场成交额从2010年的3907亿元,增长到2015年的9836亿元。从世界比较来看,中国的高技术产业增加值占世界的比重也经历了一个从弱到强的转变过程。与美国相比,2000年中国的高技术产业占世界比重仅为2.53%,而同期美国为37.10%;到了2015年,中美两

① 数据来源:国家统计局编:《中国统计年鉴(2016)》,中国统计出版社2016年版。

国基本相当。总体来看,当今世界高科技产业形成了中美两强的格局,两者共占世界高科技产业的比重达到60%(见图3-12)。

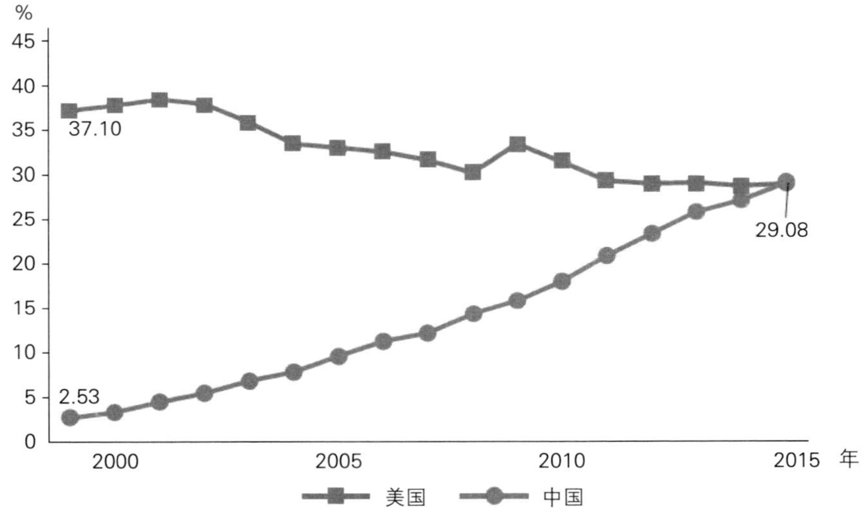

图3-12　中美高技术产业增加值占世界比重(2000—2015年)

资料来源:胡鞍钢、任皓:《中国高技术产业如何赶超美国》,《中国科学院院刊》2016年第12期。

另外一个衡量高技术产业竞争力的指标是高技术产品出口。这个指标综合反映一个国家高技术产业创新能力、高技术产品制造集成能力以及高技术产品制造的成本优势。从与美国的比较来看,中国高技术产品出口占世界的比重不断上升,在2004年的时候超过美国,到2014年已经远远超过美国。需要指出的是,中国在高技术产品出口竞争力的提升,主要还是源于中国作为制造业大国在高技术产品制造集成能力以及由于中国劳动力成本的相对优势。在高科技产业创新能力方面，中国也得到显著提升，但是尚没有形成支持中国高科技产品出口的主导性支持力量。但是，我们有理由相信中国在高科技领域的自主创新能力在未来仍旧会保持对主要发达国家的追赶势头。例如，按照世界银行的统计标准，中国在2014年研发人员的数量达到151.9万人，高于美国2012年的数量（为126.2万人），低于欧盟国家2014年的水平（为176.9万人）（见图3-13）。我们预计，中国在2020年左右研发人员规模会超过欧盟国家总量，并明显超过美国。

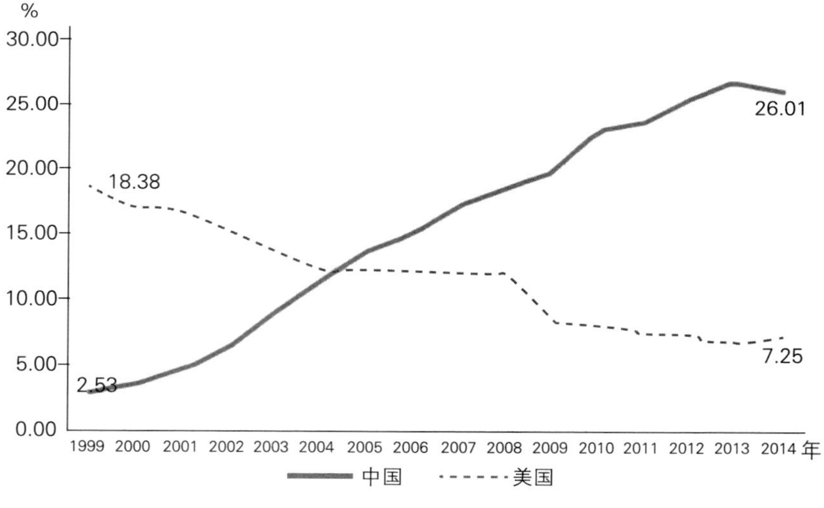

图3-13　中美高技术产品出口额占世界比重（1999—2014年）

资料来源：胡鞍钢、任皓：《中国高技术产业如何赶超美国》，《中国科学院院刊》2016年第12期。

总体来说,从21世纪初到现在,中国正在逐步形成创新驱动发展机制,高新技术相关产业正在成为经济发展的新动力,推动“中国制造”快速向“中国创造”转变。在世界高科技领域,中国正经历着从创新的追赶者到前沿创新者的转型,已经大大超过了“占有一席之地”的战略设想。根据康奈尔大学发布的2014年全球创新指数,中国位居143个排名国家的第29位,中国被列为创新的学习者,但是也是创新的学习者中全球创新指数最高的国家,其创新能力正在逼近创新的领导者。[①]而2016年全球创新指数的统计中,中国的全球创新指数位居128个排名国家的第25位,位居中高收入国家的第一位。[②]特别值得注意的是,在2016年的全球创新评估中,中国已经从2014年的创新学习者初步进入创新领导者的行列。

这也表明,中国的科技创新能力已经步入“以跟踪为主”转向“跟踪和并跑、领跑并存”的新阶段,正处于从量的积累向质的飞跃、从点的突破向系统能力提升的重要时期。可以预计,创新驱动发展战略在国家发展全局中的核心位置更加凸显,中国的科技创新能力在全球创新版图的位置进一步提升,中国不仅将成为具有重要影响力的科技大国,也将成为世界创新的重要领导者。

---

① 这项研究根据全球创新指数和人均GDP(PPP)两者的对比,把世界上所有的国家分为三类,包括创新领导者(leaders)、创新学习者(learners)和创新落后者(under-performers)。

② 其中,创新投入次级指数排名第29位,创新产出次级指数排名第15位,创新效率比排名第7位,这三项次级指数均排在中高收入国家的第一位。

5. 中国的绿色发展能力不断增强

从世界范围看，中国是一个人均生态资源较低和人均自然资源（水资源、土地资源、矿产资源）较低的国家，而且随着中国经济发展和城镇化水平的不断提高，环境问题也成为中国发展治理领域的突出问题。从某种意义上讲，生态、资源和环境是中国可持续发展的三大挑战，也是三大约束。从生态挑战来看，中国相当大一部分国土空间属于生态极度脆弱区域，生态保护的难度极大。其中，中度以上生态脆弱区域占全国陆地国土空间的55%，重度脆弱区域占19.8%。[①]从资源挑战来看，中国的水资源、耕地资源、林地资源、草地资源、石油、天然气、煤炭等主要资源占世界的比重远低于人口占世界的比重。[②]这表明，中国是人均自然资源占有量较低的国家。从环境挑战来看，大气污染、土壤污染、水体污染等仍旧是中国环境治理所面临的重大挑战，威胁工农业生产以及居民健康。因此，中国仍然处于工业化、城镇化快速发展时期，资源需求仍将处于增长阶段，资源环境依然是未来经济发展的重要制约因素。这也就决定了，中国如果要想跨越"中等收入陷阱"，就不能脱离基本国情走传统的西方工业化过程中经历过的"先污染，后治理"的老路，而是要尽早实施绿色发展道路。

针对生态挑战，中国在改革开放以后就开始积极应对，总体来看，

---

① 参见《全国主体功能区规划——构建高效、协调、可持续的国土空间开发格局》，2010年12月21日。

② 相关数据可参见胡鞍钢、鄢一龙著：《中国国情与发展》，中国人民大学出版社2016年版，第66页。

中国基本上抑制住了生态恶化的趋势,这在很大程度上是中国持续地生态保护投入的成果。中国于1979年开始实施"三北"防护林工程,在西北、华北和东北地区建设大型人工林业生态工程,涉及407万平方千米的国土空间。迄今为止,"三北"防护林工程已经走了近40年的历程,对三北地区的水土流失治理、改善农牧业生产条件、林木资源蓄积发挥了重要的作用,并对中国北部地区的生态状况产生积极的影响。从20世纪末开始,中国逐步加大生态环境建设力度。中国从1999年开始实施了"退耕还林"政策,这一政策也成为"西部大开发"的重要内容之一。这一政策对于改进西部地区生态环境、防止水土流失发挥了积极的作用。①

从"十一五"规划开始,中国开始逐步制定和完善绿色发展战略。例如,"十一五"规划提出"建设资源节约型、环境友好型社会";"十二五"规划提出"绿色发展,建设资源节约型、环境友好型社会";"十三五"规划把"绿色发展"作为适应和引领经济发展新常态的五大发展理念之一。特别是,资源环境类指标全部被列为约束性指标,把环境保护列为中国发展的核心指标,并在"十二五"规划和"十三五"规划中进一步强化环境保护指标。以"十三五"规划为例,资源环境类的实有指标为16个,占全部规划指标的48.5%。而且,所有16个资源环境类指标均为约束性指标(见表3-4)。

① 根据中国国家林业局公布的数据,1999—2014年期间,退耕还林工程已累计完成退耕地造林906.34万公顷,荒山荒地造林1656.76万公顷,新封山育林294.73万公顷。

表3-4 “十三五”规划主要指标的分布

	指标（个）	比例（%）	实有指标（个）	比例（%）	约束性指标（个）	实有约束性指标（个）
经济发展	4	16	5	15.2		
创新驱动	4	16	5	15.2		
民生福祉	7	28	7	21.2	3	3
资源环境	10	40	16	48.5	10	16
合计	25	100	33	100	13	19

注：作者根据《中华人民共和国国民经济和社会发展第十三个五年规划纲要》。

从实施结果来看，主要的生态环境指标均实现了预定目标。例如，单位GDP能源消耗在“十一五”期间累计下降19.1%，在“十二五”期间累计下降18.2%。总体来看，随着中国经济发展以及城镇化进程的推进，公众环境意识的逐步提高，生态环境治理的复杂性不断增加，生态环境问题是中国处于中等收入发展阶段不容忽视的重大问题。

6. 中国积极参与经济全球化与全球治理

第二次世界大战以后，在技术力量和市场力量的推动下，全球化是当今世界发展不可逆转的趋势，有效参与经济全球化是发展中国家经济发展的重要途径。从“亚洲四小龙”的经济发展来看，其经济发展成功的一个关键因素就是充分利用第二次世界大战之后经济全球化的机遇，积极适应全球化。中国改革开放以后的经济发展实践也表明，参与经济全球化是中国高速经济增长的外部动力。然而，经济全球化也是“双刃剑”，如果不能有效应对外部经济冲击，也往往会导致一个国家陷入经济增长衰退。1998年亚洲金融危机对东南亚国家的影响就是一个典型的例子。而2008年开始的全球金融危机也使得很多新兴经济体陷入低增长甚至是负增长。事实上,很多中等收入国家之所以陷入“中等收入陷阱”,在很大程度上是因为不能有效应对外部冲击。

改革开放以后,中国从经济全球化的边缘化者变成了积极参与者、受益者、贡献者,经济全球化不仅成为中国经济增长的外部驱动力,同时世界经济的发展受益于中国参与经济全球化。特别是,中国在2001年底加入WTO以后,参与经济全球化进入一个新的阶段,中国与世界的联系越来越紧密,中国作为最大的贸易进出口国也是世界最大的进出口贸易增长的贡献国。2008年金融危机以后,中国参与经济全球化也进入新阶段,通过积极参与各类区域经济合作机制,为构筑公平合理的国际经济体系发挥了积极的作用。这主要体现在以下方面。

首先,中国积极实施推动双边和多边自贸区战略,这一系列双边和多边自贸协定的签订,进一步丰富了中国对外经济关系的机制设置。[①]与此同时,中国设立多个自由贸易试验区[②],中国自贸区成为对

① 中国先后与东盟、冰岛、瑞士等国家签订自由贸易协定,中韩自贸区谈判全部完成,中澳自由贸易协定谈判实质性结束,启动了与斯里兰卡、中国—巴基斯坦自贸协定第二阶段谈判、中国—东盟自贸协定(“10+1”)升级谈判,积极参与人口占全球48%、GDP总和占全球30%区域全面经济伙伴关系协定(RCEP)谈判。

② 2013年设立中国(上海)自由贸易试验区,2014年底又设定中国(广东)自由贸易试验区、中国(天津)自由贸易试验区、中国(福建)自由贸易试验区以及中国(上海)自由贸易试验区扩展区域。

外经济开放的政策新高地，聚焦于制度创新，加快政府职能转变，推进行政审批制度改革，实施负面清单制度，扩大投资领域开放，推进贸易便利化，深化金融领域的开放创新，探索“可复制、可推广”的制度创新实践，推动体制机制全面升级。

其次，中国积极构建国际经济合作的新机制。2013年9月和10月，习近平主席在出访中亚和东南亚国家期间，先后提出共建“丝绸之路经济带”和“21世纪海上丝绸之路”的重大倡议，得到国际社会高度关注。2015年底，在中国的倡议下成立了亚洲基础设施投资银行，创始成员国数量达到57个，这也是中国通过构建多边开发机构，促进亚洲经济持续稳定发展的重要措施。“一带一路”将推动中国与沿线各国在交通基础设施、贸易与投资、能源合作、区域一体化、人民币国际化等领域的新型经济合作，特别是随着丝路基金和亚洲基础设施投资银行的成立，开创了中国全方位对外开放的新格局。中国的“十三五”规划也把“开放发展”列为重要的发展理念，积极参与经济全球化，推动构建公平、合理、共赢的国际经济新秩序。特别是，在当前“逆全球化”有所抬头的背景下，中国成为经济全球化的捍卫者和倡导者。2017年，习近平主席在达沃斯世界经济论坛上发表了题为《共担时代责任共促全球发展》的主旨演讲，提出了基于“共赢主义”的全球发展格局的倡议，赢得了国际社会的广泛认同。①

① 习近平主席在主旨演讲中强调要坚定不移推进经济全球化，引导好经济全球化走向，打造富有活力的增长模式、开放共赢的合作模式、公正合理的治理模式、平衡普惠的发展模式，牢固树立人类命运共同体意识，共同担当，同舟共济，共促全球发展。

从过去20年两场金融危机中中国所发挥的作用来看，中国是维持世界贸易发展的稳定力量。1998年，亚洲金融危机席卷东南亚国家，中国果断承诺人民币不贬值，对稳定东南亚国家经济发挥了积极的作用。2008年全球金融危机爆发后，中国先是提出了“四万亿经济刺激计划”，随后又积极展开国内经济结构调整，在稳定中国经济增长的同时，也对维护世界经济稳定发挥重要作用。2008年全球金融危机以后，受国际经济环境影响，中国的对外贸易已经从高增长转向中高速增长，贸易顺差占GDP的比重收窄，净出口对经济增长的拉动作用减弱，经济增长率也受此影响下滑。但是，中国仍旧保持了中高速的发展速度。这也表明中国经济承受外部经济冲击的能力较强。与东南亚国家和拉美国家相比，中国也拥有应对外部经济冲击的能力。

首先，中国已经具有数量可观的世界级企业，这也成为中国应对外部危机的重要保障之一。世界500强企业数是一个国家综合实力的反映。2016年，世界500强的营业收入总计为27.6万亿美元，相当于世界GDP的36%。从2016年世界500强企业的国家分布数来看，世界上拥有500强企业的国家数仅为29个。其中，欧美发达国家拥有298家，中国拥有110家，韩国和日本拥有67家，除了中国以外的发展中国家仅有25家。此外，35个OECD成员中有13个没有企业进入世界500强。这也表明，世界500强企业数，实际上是国家实力的重要体现之一。

表3-5　世界500强企业的国家和地区分布数(2016年)

单位:家

国家和地区	数量	国家和地区	数量	国家和地区	数量
美国	134	意大利	9	奥地利	1
中国	110	澳大利亚	8	波兰	1
日本	52	巴西	7	丹麦	1
法国	29	印度	7	卢森堡	1
德国	28	俄罗斯	5	马来西亚	1
英国	25	瑞典	3	挪威	1
韩国	15	新加坡	3	沙特阿拉伯	1
瑞士	15	爱尔兰	2	泰国	1
荷兰	12	比利时	2	土耳其	1
加拿大	11	墨西哥	2	印度尼西亚	1
西班牙	9	阿拉伯联合酋长国	1	英国/荷兰	1

资料来源：http://www.fortunechina.com/fortune500/c/2016- 07/20/content_266955.htm.

世界500强企业数量的变化与国家间经济规模的相对排名变化具有相关性。例如,日本在1996年有141家500强企业,但是随着日本经济在之后20年的增长停滞,500强企业的数目也随之下降到2016年的52家。从1990年以来中国世界500强的企业数变化来看,中国是数量增加最多的国家。1990年中国仅有1家世界500强企业,2000

年中国进入世界500强的企业数为10家,2008年增加到30家,2016年增加到110家,位居世界第二位。这个过程也与中国经济规模在世界排名逐步上升到世界第二位一致。预计,2020年中国的世界500强企业数将接近甚至超过美国。

表3-6　世界500强企业的国家和地区分布(1990—2016年)

单位:家

国家和地区＼年份	1990	1996	2000	2005	2008	2010	2016
美国	164	153	179	177	162	140	134
日本	111	141	108	81	67	71	52
英国	43	32	38	35	34	30	25
德国	30	40	37	36	37	37	28
法国	30	42	37	39	38	39	29
加拿大	12	6	12	13	16	11	11
韩国	11	12	11	11	14	10	15
印度	6	1	1	5	6	8	7
俄罗斯		1	2	3	4	6	5
中国	1	2	11	18	30	54	110

数据来源:财富世界500强数据库。

其次,中国拥有规模巨大的外汇储备,这使得中国既不会发生像1998年东南亚国家由于短期资本迅速外流导致的大幅度货币贬值,也不会发生近年来部分欧洲国家所经历的主权债务危机。2016年底,中国拥有3万亿美元的外汇储备，完全可以覆盖全部外债以及半年以上进口所需要的外汇量。

第三，中国已经开展了大规模的对外直接投资。2016年，中国对全球164个国家和地区的7961家境外企业进行了非金融类直接投资，累计投资1700多亿美元，比上一年增长44.1%。中国企业对外投资项目中相当一部分投资是资源类项目，为未来的中国经济发展提供了资源保障。此外，中国也积极推进人民币国际化进程，于2016年10月1日，正式加入特别提款权（SDR）货币篮子，这也必将推动人民币在境外流通的规模和国内资本市场的发展，并逐步成为国际上普遍认可的计价、结算及储备货币。

7. 社会主义制度优越性是跨越“中等收入陷阱”的政治保障

中国是一个拥有13.8亿人口的大国，中国所面对的发展问题也往往是世界上最难解决的发展问题。当前，中国所遇到的一系列发展问题几乎包括了所有发展中国家的问题，都属于难啃的“硬骨头”，而且解决其中任何一个问题所面临的挑战都是世界最大的。能否顺利跨越“中等收入陷阱”，关键是如何有效地应对这些挑战。中华人民共和国成立以来的发展历史和国际经验告诉我们，只要不瞎折腾，什么难题都会逐渐解决。如何才能做到不瞎折腾？首先，我们不要自己折腾自己，不要“乱折腾”“瞎折腾”，以积极稳妥的方式推进国家制度建设；其次，当别人折腾我们，我们要稳住自己的阵脚，不能跟着折腾，而是坚持道路自信、制度自信，维护国家民主政治发展的自主性。

中国社会主义现代化发展道路极不平凡，也是极其复杂的。新中国成立初期到改革开放之前这段历史时期,中国有过深刻的历史教训,至少有两次“大折腾”:第一次是经济上“大跃进”那样的折腾,“一五”时期中国GDP年平均增长率达到9.2%,工业和农业总产值年平均增长率分别达到18%和4.5%,但是还嫌慢,先是批评周恩来等的“反冒进”,后是提出“超英赶美”,发动“大跃进”,提出“高指标”,最后失败。第二次是政治上像“文化大革命”那样的折腾,1963—1965年中国GDP年平均增长率达到17.6%,虽然是恢复性增长,已经预示中国再次进入经济起飞阶段,但是决意发动“文化大革命”,实际结果是“南辕北辙”,惨遭失败。这之后30多年来,我们也曾遭遇到风险和挫折,但是都能及时果断处理,没有出现大的折腾,这是保证中国近30年经济高速增长、社会快速进步的根本原因。所以,从新中国成立以来中国自身发展的过程来看,“不折腾”是我们今后避免落入“中等收入陷阱”的根本保障。

从国际上看,乱折腾、瞎折腾的惨痛教训不乏先例。20世纪80年代末到90年代初,苏联和东欧社会主义国家纷纷经济转轨和改旗易帜,经济发展受到重大挫折。根据麦迪森按购买力平价方法统计的人均GDP数据(PPP,1990年国际美元),东欧7国人均GDP直到1998年才超过1990年的水平(5427美元),苏联(15国)人均GDP直到2006年才接近1990年的水平(8513美元)。[①]除了经济增长陷入长期停滞以

① 系按1990年国际美元计算。Angus Maddison. Historical Statistics of the World Econromy:1-2008AD.

外，这些国家还出现了高失业率、高通货膨胀率等现象，人民生活水平在20世纪90年代出现下降。1996年世界银行《世界发展报告：从计划到市场》分析了28个经济转型国家，发现只有中国和越南避免了经济负增长，保持了持续的高增长。而其他26个转型国家，经济增长不同程度地出现了V型、L型和持续下降型，尤其是乌克兰和俄罗斯。

现在回过头来看，中国之所以能够取得今天的发展成就，一个关键是在20世纪80年代末、90年代初期间在苏联和东欧社会主义国家"改旗易帜"中稳定了阵脚。如果说20世纪90年代初中国主要是避免苏联、南斯拉夫经济体制转轨过程中所出现的国家分裂、经济衰退、政治解体，现在就是要避免中等收入发展阶段中可能存在的威胁国家政治稳定和社会发展的不稳定因素。

对于影响中国政治稳定的因素，既有外部因素，也有国内因素。从外部因素来看，要坚持中国特色社会主义民主政治发展的自主性，而不是盲目引入西方的民主体制。近年来，从发展中国家输入西方民主体制的现实来看，许多引进西方价值观和政治制度的发展中国家非但未能促进本国的经济发展、政治稳定和社会进步，反而造成政党林立、政局动荡和社会分裂的局面，大量紧迫的国计民生问题也往往因政治纷争被搁置一边，落入"民主陷阱"。[①]例如，泰国的"红衫军运动"、格鲁吉亚的"玫瑰革命"、乌克兰的"橙色革命"、吉尔吉斯斯坦的"郁金香革命"、突尼斯的"茉莉花革命"最终都走向了"街头民主"，出

① 徐觉哉：《西方世界的民主四大"乱象"》，《红旗文稿》2014年第14期。

现“民主乱象”,掉进“民主陷阱”之中。这些“颜色革命”所带来的是政局动荡、政权更替和社会动乱,普通民众连最基本的社会稳定和物质生活都无法保证。就是说,对发展中国家而言,“中等收入陷阱”本质上是一个“西方民主陷阱”。

从国内因素来看,维护中国政治稳定和有效推进政治建设的关键是中国共产党能否不断改进和加强对国家发展的领导,推进国家治理体系和治理能力现代化,进而充分发挥社会主义制度优越性,让人民有更多的获得感。从改革开放以来中国发展的实践来看,中国共产党不断完善自身的建设、与时俱进,顺应人民对于发展的诉求和国家在不同发展阶段的基本国情,积极推进和深化改革,充分发挥有中国特色的社会主义的制度优势。可以说,党的领导是社会主义制度优越性的基础。

中国与其他中等收入国家最大的不同之处,同时也是最大的优势,就在于社会主义制度优势,这也是中国跨越“中等收入陷阱”的制度优势和制度保障。社会主义制度优势不是一个静态的体系,它在不同历史时期具有不同的表现形式,并随着社会主义制度不断完善而不断丰富其内涵。社会主义的制度优势的发挥取决于中国共产党的领导。改革开放以前,尽管经历了像“大跃进”和“文化大革命”这样的发展挫折,但是社会主义制度的优越性还是得到了体现。例如,中国的人均收入、预期寿命和教育事业均取得显著的成就。改革开放以后,中国抛弃了“阶级斗争为纲”的意识形态教条,逐步确立了“一个中心、两个基本点”的政治路线,即“以经济建设为中心”和“坚持四项基本原则和坚持改革开放”。这一政治路线确保了改革开放以后的政治稳定,也促进了中国的政治发展,逐步形成了邓小平理论、“三个代表”重要思想、科学发展观为理念指导的治国理政的政治共识。

改革开放以来的实践表明,中国完全有可能通过前瞻性的、主动性的战略调整与制度建设,解决发展进程中所出现的各种矛盾。从政治体制上来看,中国跨越“中等收入陷阱”的有利条件可以体现为以下几个方面:首先,中国具有独立自主的国家决策能力;其次,中央领导集体具有强烈的危机意识和忧患意识,高度重视在中等收入阶段所遇到的新问题、新矛盾、新挑战;再次,中国特色社会主义制度通过不断推进共享发展实现发展的公平正义目标。

首先,中国具有独立自主的国家决策能力。20世纪80年代末到90年代初,受制于国际大环境以及国内经济改革的推进,中国也同样面临如何选择发展道路的问题。党中央及时稳住阵脚,坚定维护国家稳定,避免成为“西方民主”实验的牺牲品,更是避免了政治上的“瞎折腾”,维护了国家发展的自主性。苏联、南斯拉夫便是最典型的例子。这也解释了为什么绝大多数中等收入国家迟迟进入不了“发达国家”行列——它们不仅缺乏发展的自主权,更缺乏国家发展的自主权和民主制度建设的自主权。

从中国与苏联和东欧社会主义国家的比较来看,中国特色社会主义具有制度优势,这在很大程度上是因为中国坚持了自主的发展道路。苏联和东欧社会主义阵营解体以后,中国没有选择封闭式的发展道路,相反更加明确了社会主义市场经济的发展道路,自主决定加入

WTO,自主决定汇率制度改革,自主决定宏观经济政策,自主决定自己的发展道路。作为发展中国家,很少有国家能够像中国这样做到自主选择自己的发展道路,既没有在政治上受“西方民主神话”的忽悠,也没有在经济转轨上像很多转型国家那样盲目引进所谓的“华盛顿共识”。

此外,在中国共产党的领导下,西方国家干预中国内政是完全不可能的,也不可能在中国内部扶植“代理人”或政治势力。这是一般发展中国家所做不到的。面对来自外部,主要是西方大国的各种压力,中国政府从来不会屈服,而是根据中国的国家利益作出决定,即使作出必要的让步,也是局部的,还必须是“交换”的。这解释了为什么中国成功地应对了上一次亚洲金融危机和此次国际金融危机,同样也解释了为什么中国社会内部中的不稳定因素不会转化为“街头政治民主”,从而保持了“天下大治”。只有“天下大治”,才能有“经济繁荣”和“社会和谐”,否则就不能保证稳定发展和人民生活水平的提高。

其次,中央领导集体具有强烈的危机意识和忧患意识,高度重视在各个发展阶段所遇到的新问题、新矛盾、新挑战。1995年9月,江泽民同志在讨论如何正确处理社会主义现代化建设中十二个重大关系时,就将改革、发展、稳定的关系作为第一大关系,再次强调了没有稳定的政治和社会环境,一切无从谈起,并且明确提出要从整体上把握改革、发展、稳定之间的内在关系,做到相互协调、相互促进,做到在政治和社会稳定中推进改革和发展,在改革和发展的进程中实现政治和社会长期稳定。[①]这既是中国经济发展的成功经验，也是借鉴了陷入西方民主陷阱那些国家所经历的深刻教训，与苏联和整个东欧经济转型形成了鲜明对比。

进入21世纪，中国从低收入国家进入中低收入国家，尽管在21世纪初还没有提出“中等收入陷阱”这样的概念，但是当时的党中央已经前瞻性地认识到在中等收入阶段可能面临的各种发展挑战。2003年4月，胡锦涛总书记在广东考察时，首次提出坚持“全面的发展观”。2003年10月召开的十六届三中全会明确指出当时发展阶段所面临的重大问题，例如经济结构不合理、分配关系尚未理顺、农民收入增长缓慢、就业矛盾突出、资源环境压力加大、经济整体竞争力不强等问题。其中，特别指出这些问题存在的重要原因是，中国处于社会主义初级阶段，经济体制还不完善，生产力发展仍面临诸多体制性障碍。为此，十六届三中全会提出，坚持以人为本，树立全面、协调、可持续的发展观，促进经济社会和人的全面发展。

针对中等收入阶段的发展走向，温家宝同志在2004年2月的省部级主要干部专题研讨班上明确指出：“我国人均国内生产总值已达1000美元，按既定的部署和现行汇率计算，到2020年将达到3000美元。这是整个现代化进程中一个非常关键的阶段，也是经济社会结构将发生深刻变化的重要阶段。许多国家的发展进程表明，在这一阶段，有可能出现两种发展结果：一种是搞得好，经济社会继续向前发

① 《江泽民文选》第1卷，人民出版社2006年版，第460—463页。

展,顺利实现工业化、现代化;另一种是搞得不好,往往出现贫富悬殊、失业人口增多、城乡和地区差距拉大、社会矛盾加剧、生态环境恶化等问题,导致经济社会发展长期徘徊不前,甚至出现社会动荡和倒退。”[①]针对这一阶段的发展挑战,党中央及时提出以人为本的“科学发展观”,[②]坚持全面、协调、可持续发展,坚持统筹兼顾,处理各种矛盾和问题,避免后一种可能性,也争取前一种可能性。这既是党中央的先见之明,更是党中央的重大部署,从中国一进入中等收入阶段就预先避免落入“中等收入陷阱”。

党的十八大以来,党中央也对“中等收入陷阱”问题给予高度重视,既看到了跨越“中等收入陷阱”的复杂性和艰巨性,也明确了跨越“中等收入陷阱”的信心。2014年11月10日,习近平总书记在北京出席亚太经合组织领导人同工商咨询理事会代表对话会上致辞时指出:**“对中国而言,‘中等收入陷阱’过是肯定要过去的,关键是什么时候迈过去、迈过去以后如何更好向前发展。我们有信心在改革发展稳定之间,以及稳增长、调结构、惠民生、促改革之间找到平衡点,使中国经济行稳致远。”**[③]李克强总理也多次在不同场合提出对“中等收入陷阱”的

---

① 温家宝:《提高认识　统一思想　牢固树立和认真落实科学发展观——在省部级主要领导干部“树立和落实科学发展观”专题研究班结业式上的讲话》(2004年2月21日),新华网北京2004年2月29日电。

② 2007年10月召开的党的十七大把“科学发展观”作为中国特色社会主义理论体系的重要组成部分载入党章。

③习近平:《在出席亚太经合组织领导人同工商咨询理事会代表对话时的讲话》(2014年11月10日),《人民日报》2014年11月11日。

认识。例如，2015年11月他在全国政协十二届常委会第十三次会议指出，“十三五”时期是全面建成小康社会的决胜阶段，夺取这一胜利意味着，到2020年我国人均国内生产总值将接近高收入国家水平，基本跨越“中等收入陷阱”，这将是我国现代化进程中又一个里程碑。但全面建成小康社会目标不会自动实现，天上不会掉馅饼，我们面前的风险挑战还很多，困难不可低估。

一旦意识到进入中等收入阶段所面临的各种复杂挑战，中国就会主动采取积极的应对措施，形成全党、全社会的发展共识，为成功地跨越“中等收入陷阱”、迈向高收入水平不断完善国家治理体系，不断提高国家治理能力。针对当前是全面建成“小康社会”、跨越“中等收入陷阱”的关键时期，习近平总书记在党的十八届五中全会及时指出：“我们必须清醒看到，如期全面建成小康社会，既具有充分条件，也面临艰巨任务，前进道路并不平坦，诸多矛盾叠加、风险隐患增多的挑战依然严峻复杂。如果应对不好，或者发生系统性风险、犯颠覆性错误，就会延误甚至中断全面建成小康社会进程。”[①]为此，习近平总书记正式提出要坚持五大发展理念，即创新、协调、绿色、开放、共享发展理念。这正是针对中国经济发展进入新常态面临中等收入阶段性的突出矛盾和深层次挑战，所做出的“有的放矢”“对症下药”的战略部署。五大发展理念成为中国在“十三五”“十四五”期间顺利跨入高收入阶

① 习近平：《在党的十八届五中全会第二次全体会议上的讲话（节选）》（2015年10月29日），《求是》2016年1月。

段的战略思维。

再有,中国不断通过提高民生发展水平实现共享发展的目标,这也是社会主义制度优越性的本质要求和重要体现。当前,中国逐步建立了符合国情、比较完整、覆盖城乡、可持续的基本公共服务体系,特别是就业服务、义务教育服务、公共卫生和基本医疗服务、公共文化服务、基本社会保障和基本保障住房六大项基本公共服务,这些领域事关老百姓的根本福祉,是社会主义制度优越性的重要体现。

从新农村合作医疗普及来看,中国于2002年开始试点,2005年的普及率达到75.7%,2014年达到98.9%,基本实现了全覆盖。[①]城镇居民基本医疗保险从2007年起开展试点,城镇居民参加人数从2007年的4291万人增加到2015年的3.77亿人。2015年底,城镇居民和城镇职工参加基本医疗保险人数达到6.6亿人,相当于城镇人口的比重为85.7%。

从基本养老保险来看,中国于2009年开始在农村建立新型农村社会养老保险制度,于2012年在城镇建立城镇居民社会养老保险制度,连同城镇职工基本养老保险制度,构建了覆盖全部人群的社会养老保险制度。其中,城乡居民基本养老保险参保人数从2010年的1.03亿人提高到2015年的5.05亿人,连同城镇职工基本养老保险参保人群一起,由2010年的3.60亿人增加到2015年的8.58亿人。2015年,全

① 数据来源:国家卫生和计划生育委员会编:《中国卫生和计划生育统计年鉴(2015)》,中国协和医科大学出版社2015年版。

部参加基本养老保险人数占15岁以上人口的比例为85.5%。我们预计，到2020年中国基本上可以实现基本医疗保险和基本养老保险的人口全覆盖。

总体而言，中国政府通过积极推进减贫、构建覆盖全体人口的公共服务体系、推进包容式发展模式，体现了中国特色的共享发展。十八届五中全会所提出的“五大发展理念”就明确提出了共享发展，以推进社会公平正义为前提，以推进扶贫脱贫、缩小收入差距为抓手，以推进区域、城乡基本公共服务均等化为保障，以推进共同富裕为目标。总体而言，共享发展模式的形成是中国推进国家治理能力的一个重要体现，也必将成为未来中国发展所长期坚持的发展理念。这也将对维持中国的社会稳定和政治稳定奠定社会发展的基础，成为中国顺利从中上等收入国家迈向高收入国家的制度保障。

8. 小结

总体而言，尽管中国当前处于中高收入阶段，经济发展仍旧面临诸如经济增长模式转型、资源环境、人口老龄化、收入差距、社会稳定、政治发展和政治稳定等诸多挑战，但是中国已经对这些挑战进行了积极有效应对。例如，中国已经开始积极推动经济增长模式转换；资源环境、收入差距和社会稳定的恶化趋势已经得到有效遏制，并朝着积极改善的方向发展；人口老龄化挑战可以通过教育红利的不断累积得到缓解；威胁中国政治稳定的因素长期存在（特别是外部因素），但是中国积极推动政治发展，不断推进国家治理能力的提升，实现政治稳定。因此，上述挑战并不会导致中国陷入“中等收入陷阱”。此外，中国还拥有诸多跨越“中等收入陷阱”的有利条件,这包括国家战略规划能力的不断提高;经济体制的稳步转轨与宏观经济管理的日趋成熟;中国已经具备了持续增长的基本能力;特别是,社会主义制度优越性是跨越“中等收入陷阱”的政治保障。

中国不会像拉美、苏联、东欧等国家陷入“中等收入陷阱”,或者陷入长期的发展停滞。不落入“中等收入陷阱”的关键是及时发现导致落入“中等收入陷阱”的主要因素,准确地识别“陷阱”,智慧地避开“陷阱”,同时积极抓住国家发展的有利因素实现跨越“中等收入陷阱”。

第4章　中国如何跨越“中等收入陷阱”？

ZHONGGUO

KUAYUE ZHONGDENG SHOURU XIANJING

一个国家能否跨越“中等收入陷阱”是对一个国家治理能力的考验。从上文对不同类型国家跨越“中等收入陷阱”的比较分析表明，顺利跨越“中等收入陷阱”需要满足诸多必要条件。我们可以把这些主要的必要条件总结为如下几个方面：

第一，有效的市场。有效的市场是资源得到有效配置的前提，进而保障一个国家能够充分发挥生产要素的潜在生产率，促进劳动力要素、资本要素的有效配置，同时也为一个国家的创新提供良好的市场环境，激励创新主体的积极性，不断提高全要素生产率，实现一个国家人力资本促进经济增长的潜能。有效的市场不仅体现在建立统一的国内大市场，同时也体现在一个国家能够积极参与全球化，充分利用外部经济机遇，并能够有效应对外部经济冲击。从党的十四大提出建立社会主义市场经济体制，到党的十八届三中全会提出“让市场在资源配置中起决定性作用”，中国不断完善有效市场的制度建设，这也是中国能够长期保持高速经济增长的重要制度基础。

第二，和谐的社会。经济发展与社会发展的协调性是经济可持续发展的保障。社会不和谐往往是因为经济发展的成果没有被全体社会成员所分享，一部分社会成员成为经济发展的边缘化人群，从而造成社会阶层的严重分化和对立。社会不满情绪的累积往往也会导致社会动荡和政治不稳定，进而导致经济繁荣的中断。2004 年，党的十六届四中全会明确提出了“不断提高构建社会主义和谐社会的能力”；2006 年 10 月，党的十六届六中全会通过《中共中央关于构建社会主义和谐社会若干重大问题的决定》，提出了 2020 年构建社会主义和谐社会的目标。2000年以来,随着中国逐步完善社会主义社会保障体系,和谐社会建设取得重大成效。

第三,有为的政府。有为的政府是实现市场有效运行和社会和谐发展的关键。其一,有为政府通过完善国家法律体系构建市场经济制度,维护公平竞争的市场环境,激发市场主体的创造力,促进国内外市场发育、产业结构调整和升级、技术创新等;其二,通过有效的宏观经济管理,保障宏观经济平稳运行,为市场主体提供各类公共产品,为全体人民提供公共服务保障(例如,最低社会保障、养老、医疗和教育等);其三,通过制订和实施旨在促进国家长期发展目标的战略规划,通过五年规划和中长期规划实现发展战略的动态适应性和前瞻性。

显然,从过去中国发展的历程来看,中国的发展道路正是体现了有效的市场、和谐的社会和有为的政府三者的共同推进。十八届三中全会提出“国家治理体系与治理能力现代化”的目标,这也是进一步推动三者协调推进的“顶层设计”。有了有效市场、和谐社会和有为政府这三大条件的保障,中国迈入高收入国家只是时间问题。

然而,中国是一个拥有13.8亿人口、区域发展和城乡发展差异明显的国家,实现迈入高收入国家的目标需要一个过程,这一目标并不会轻而易举地实现。关键是,中国能否更加有效地规避当前中等收入阶段所面临的各种挑战,实现更高质量的经济发展和更加公平、公正、和谐的社会发展。此外,即便是中国实现了向高收入国家的跨越,中国的人均收入水平与发达国家相比仍然具有较大的差距,跨越“中等收入陷阱”只是缩小与发达国家之间发展差距的一个新的起点。因此,在中国实现跨越“中等收入陷阱”的过程中,应当夯实国家发展的基础,从而持续地缩小与发达国家的发展差距,才能使中国经济巨轮行稳致远,这在很大程度上取决于中国如何应对当前发展阶段所面临的诸多挑战。

本章主要尝试回答如下问题:中国如何有效应对当前中等收入阶段所面临的各种挑战,充分利用有利条件,实现迈入高收入国家的跨越。不同于传统的西方经济学的分析框架,本文提出一个基于政治经济学的分析框架,通过对中等收入发展阶段的特征进行剖析,提出只有以“五大发展理念”为指导,妥善消除发展过程中各种束缚和阻碍社会生产力发展的制约因素,避开各种可能存在的陷阱,才能有效消除经济发展过程中的各种系统性风险因素。同时,我们提出跨越“中等收入陷阱”的最大保障是政治稳定,这需要通过不断全面深化改革,不断推进国家治理体系与治理能力的现代化,进而保障中国经济实现长期平稳的发展。

一、以“五大发展理念”破解中等收入多重陷阱

改革开放以来,中国经济保持了近40年的高速增长,现在已经从

世界第十大经济体成为世界第二大经济体[①]，从世界第29位货物进出口国成为世界第一大贸易体[②]，从世界极低收入水平转变为上中等收入水平。中国能否成功避免在中等收入阶段出现经济增速大幅下降，进而顺利进入高收入发展阶段，不仅对中国完成2020年全面建成小康社会的目标至关重要，同时也对世界经济格局产生深远的影响。十八届五中全会针对中国在2020年要实现的发展目标绘制了发展蓝图，党中央提出了"创新、协调、绿色、开放、共享""五大发展新理念"，这就是针对"中等收入陷阱"的"有的放矢"，也是成功跨越"中等收入陷阱"的基本途径，也将对中国"跨越中等收入陷阱"以后继续保持健康发展奠定基础。

为什么说"五大发展理念"是针对中等收入陷阱的"有的放矢"？在制订"十三五"规划时，党中央明确提出跨越"中等收入陷阱"。正是基于此，党中央创造性地提出"五大发展理念"，既具有十分明确的目标导向，也具有十分务实的问题导向：坚持创新发展，注重解决发展动力问题，推动经济保持中高速增长、迈向中高端水平；坚持协调发展，注重解决发展不平衡问题，着力增强发展的整体性；坚持绿色发展，注重解决人与自然和谐问题，建设天蓝地绿水清的美丽中国；坚持开放发展，注重解决发展内外联动问题，进一步提升开放型经济水平；坚持共享发展，注重解决社会公平正义问题，不断增进人民福祉，开创中国

---

① 根据世界银行数据库，1978年中国为世界第十大经济体，2010年超越日本成为世界第二大经济体。

② 国家统计局编：《中国统计摘要(2015)》，中国统计出版社2015年版，第178页。

经济社会发展新局面。就现阶段中国的发展而言,我们认为至少有五种陷阱:全要素生产率陷阱、城镇化陷阱、生态环境陷阱、依附型陷阱和不平等陷阱。

那么如何破解这五大陷阱?显然,从理论上,西方经济学教科书没有给我们提供现成答案;从实践上,也没有哪个国家给我们提供现成的经验。从改革开放以来中国的发展实践来看,中国并没有固守某种发展理论,而是把发展实践立足于中国各个发展阶段的客观条件,坚持了以人民为主体、发展为了人民的理念,把尊重和鼓励地方发展实践与中央宏观统筹结合起来,逐步探索、不断丰富中国特色社会主义理论,体现在党中央召开的历次全会以及发展规划中。十八届五中全会,党中央提出了“五大发展理念”。这“五大发展理念”的提出,直面中国处在中高收入发展阶段所面临的上述五大陷阱,为破解五大陷阱提供重要思路和基本途径。为此,我们以“五大发展理念”为基本理论框架,针对五大陷阱,提出破解思路。

1. 坚持创新发展,避免全要素生产率陷阱

从本质上说,能否跨越“中等收入陷阱”还是一个经济增长问题,只不过是处于中等收入阶段的经济增长问题。一般来说,处于中等收入阶段的国家,经济结构调整和经济增长动力转换是这一阶段经济增长的重要方面,两者也同时影响全要素生产率增长。从长期来看,全要素生产率的增长是维持可持续增长的关键。Eichengreen et al(2011、2013)强调,由经济结构转变与创新带来的经济发展方式的转变,其核心在于提高全要素生产率对经济增长的贡献,这也是成功跨越“中等收入陷阱”的必要条件。①

我们对1960年处于中等收入水平的国家进行了经验研究，把这些国家在2010年是否跨越中等收入阶段划分为三组，包括跨越中等收入阶段的国家、依然留在中等收入阶段的国家、落入低收入阶段的国家，然后计算三组国家的全要素生产率相对于美国差距的缩小的情况（见图4-1）。我们发现，只有跨越中等收入阶段的国家才呈现出全要素生产率的追赶，即全要素生产率相对水平的提升；而没有跨过中等收入阶段的国家，都不同程度地出现了全要素生产率相对水平的下降。因此，没有跨越中等收入阶段，其本质是落入全要素生产率陷阱之中。进一步地讲，按照相对标准来看，如果中国未来的全要素生产率相对于美国的水平不能提升，甚至有所下降，就会陷入全要素生产率陷阱。

① Eichengreen, B., Park, D., & Shin, K. When fast growing economies slow down: international evidence and implications for the People's Republic of China. *Asian Development Bank Economics Working Paper Series*, 2011, (262). Eichengreen, B., Park, D., & Shin, K. 2013 Growth slowdowns redux: New evidence on the middle-income trap (No. w18673). *National bureau of economic research*.

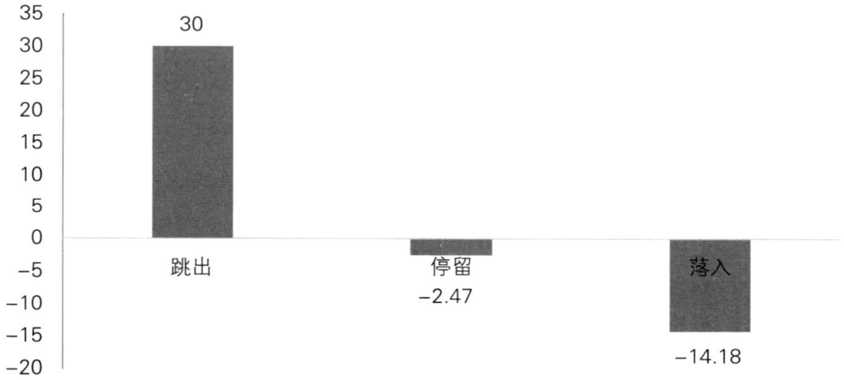

图4-1 中等收入国家全要素生产率平均变动情况(1960—2010年)

注:跳出"中等收入陷阱"的国家和地区有11个,停留在"中等收入陷阱"的国家有35个,落入低收入阶段的国家和地区有11个。

数据来源:UNIDO数据库。

全要素生产率的长期增长是经济增长率的关键所在,特别是相对于世界领先国(如美国)全要素生产率相对水平的追赶是从追赶型国家向创新型国家转变的关键所在,也是从中等收入国家上升到高收入国家的主要驱动力。可以说,全要素生产率的持续增长是中国跨越"中等收入陷阱"的必要条件,而避免全要素生产率陷阱的关键是把以往要素投入型为主的经济增长方式转变成为创新驱动为主,提高全要素生产率对于经济增长的贡献。

当前,中国经济发展进入新常态,一方面经济增长速度从高速增长转向中高速增长;另一方面经济增长的动力发生转换。而动力转换最为关键,决定了速度变化和结构优化的进程和质量。[①]这需要培育发展新动力、拓展发展新空间、深入实施创新驱动发展战略、大力推进农业现代化、构建产业新体系、构建发展新体制、创新和完善宏观调控方式,保持中国经济高效发展。

"十三五"规划把创新驱动作为转换经济增长方式的重要手段,明确提出创新发展的核心指标。首先,从创新投入来看,增加研究与试验发展经费投入强度,占GDP的比重由2015年的2.1%提高至2020年的2.5%,这就意味着将超过OECD成员平均水平(2.37%),全社会研发经费支出从1.42万亿元增加至2.32万亿元,5年累计投资11.22万亿元,相当于"十二五"时期总支出(5.80万亿元)的1.93倍,接近或超过美国研发支出。

其次,从创新产出来看,"十三五"规划提出了若干关键性指标。其中,每万人口发明专利拥有量翻一番,从2015年的6.3件提高至2020年的12件,全国发明专利拥有量从119万件提高至168万件。实际执行结果极有可能高于预期指标,这既反映了中国技术创新资本存量加速积累,又充分体现了中国国内自主创新能力的不断提高。此外,"十三五"规划明确提出创新对于经济增长的贡献。其中,科技进步贡献率从2015年的55%提高至2020年的60%。

第三,"十三五"规划还特别强调了"数字经济"对创新驱动的重要作用。在推动"数字经济"发展方面,"十三五"规划提出,固定宽带家

① 刘延东:《深入实施创新驱动发展战略》,《人民日报》2015年11月11日。

庭普及率从2015年的40%提高至2020年的70%,用户数从6.88亿人提高至9.80亿人;移动宽带用户普及率从57%提高至85%,用户数从7.8亿人提高至11.9亿人。可以说,到2020年,中国可以基本实现互联网的全民普及,成为世界最大规模的互联网经济,形成新经济、新业态、新产业的先发优势,并改造、提升传统产业(如劳动密集型产业、资源密集型产业等),不仅扩大经济的地理空间,也包括扩大全球的市场空间。

2. 坚持协调发展,避免城镇化陷阱

中等收入国家在向高收入国家迈进的过程中,一个重要驱动因素就是城镇化,这也是经济结构、就业结构深刻转变的过程。如果城镇化发展与经济发展形成良性互动,城镇化率的提升有利于解放农业劳动力,带来劳动力结构的优化,促进经济增长;与此同时,经济发展创造更多的非农就业机会,进而带动城镇化发展。然而,过度城镇化也会造成城镇承载经济发展能力的弱化,带来就业压力、城市基础设施配套不足、环境污染、城市治理低效等"城市病",最终导致"有城镇化提升、无经济增长"的情况发生,甚至产生社会发展停滞以及社会冲突加剧,陷入城镇化陷阱。

这种情况在拉美国家体现得比较充分,也是我们要尽量避免的。例如拉美国家(如巴西和墨西哥)尽管城镇化率达到较高水平,但是,经济发展相对美国的水平反而加大了(见图4-2)。尽管诸多拉美国家的城市化水平已经达到高收入国家的平均水平[①]，但是拉美国家的城市化发展与经济发展并没有形成良性互动模式，反而导致城市发展与经济发展的恶性循环。城市地区的就业创造不足导致城市社会贫富分化严重，大量的城市贫民居住于贫民窟地区。而贫民窟地区往往也是市政基础设施建设不足和公共服务提供短缺的地区，这导致居住在贫民窟地区居民的收入、教育、医疗、社会保障等方面不能得到保障，多维贫困现象突出，甚至导致贫困的代际传递。[②]而由于经济增长停滞，政府也难以拿出充足的财政资金投入到贫民窟地区的规划和改造，不能对这类地区进行有效的社会管理，贫民窟地区因而也成为城市发展的“肿瘤”。

① 根据世界银行的数据，2015年拉美及加勒比海地区国家的平均城市化率达到80%，接近高收入国家的平均水平（为81%）。

② 吴孙沛璟、赵雪梅：《多维视角下的拉美贫困及扶贫政策》，《拉丁美洲研究》2016年第3期。

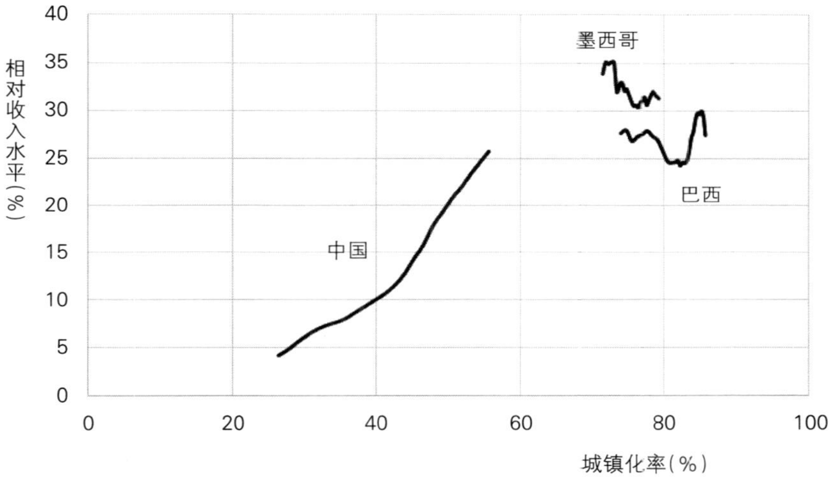

图4-2 城镇化率与相对收入水平

注:纵轴是人均GDP(2011年不变价格的国际美元数)相对于美国的百分比。

数据来源:世界银行,世界发展指数,选取1990—2015年期间的数据,2017年。

城镇化快速发展的过程,既可以带来经济收益,也会带来社会挑战。拉美国家的城市化发展实践表明,向高收入阶段迈进的过程中,有必要以稳健的方式推进城镇化发展,使得城镇化发展与经济发展形成良性互动关系,注重充分利用经济发展的成果消解城镇化发展过程中带来的各种矛盾和挑战,形成高效、包容、可持续的城市化发展模式。否则,极有可能陷入城镇化陷阱。

2015年中国的城镇化率为57.35%,与世界平均水平相当,但是明显落后于高收入国家的平均水平(2015年为81%)。总体来看,中国过去的城镇化进程取得巨大成就，但是城镇化的质量有待提高，2016年的户籍人口城镇化率为41.2%，显著低于以常住人口为口径的城镇化率，两者之间的差额涉及2.2亿人口。从这个意义上讲，如果不能妥善解决这个问题，中国仍有可能落入“城镇化陷阱”的危险。

针对这个问题，中国已经为推进新型城镇化建设提出了科学的规划，中国在2014年制定的《国家新型城镇化规划（2014—2020年）》是指导全国城镇化健康发展的宏观性、战略性、基础性规划。可以说，这个规划是中国新型城镇化发展的“顶层设计”，旨在实现高效、包容、持续性的城镇化发展。“十三五”规划提出的协调发展战略也是防止落入“城镇化陷阱”的重大举措，强调建设“以人的城镇化”为核心的新型城镇化建设，深化户籍制度改革，推进居住证制度覆盖全部未落户城镇常住人口，提高就业服务、保障性住房、公共服务等对流动人口的覆盖。

总体来看，中国已经逐步完善了新型城镇化建设的体制机制，中国的新型城镇化建设总体处于良性发展轨道，这不仅是支持经济结构变革的一种力量，也是中国社会转型和进步的契机。要实现这些目标的关键是新型城镇化规划得到有效执行，这就要充分发挥各级地方政府的积极性和创造性，科学规划城市发展空间，注重城市化发展与城市基础设施发展、产业发展的有机融合，不断提高社会治理水平。此外，推进新型城镇化建设的同时也必须要推进农业现代化和新农村建设，提高乡村规划水平，加强农村基础设施的发展和公共服务的覆盖率和保障水平，完善“三农”发展的投入机制，扭转城乡二元发展格局，缩小城乡发展差距。

"十三五"规划提出的协调发展战略也包括区域协调发展,这需要完善区域发展总体战略,切实落实主体功能区战略,实现人口、经济与资源承载能力相适应发展。还要构建区域间协调发展机制,通过推进"一带一路"、京津冀经济区以及长江经济带建设,促进区域间错位发展、协调发展、共赢发展,为区域发展创造新空间。

3. 坚持绿色发展,避免生态环境陷阱

发展中国家为求得经济增长,都存在过度使用自然资源的倾向,普遍造成生态破坏。一方面,发展的压力也会迫使发展中国家引进污染严重的工业项目,更加加重了环境负担。以资源消耗、环境代价为特征的增长方式不具有持续性,还会造成严重后果。另一方面,一些污染所造成的后果治理费用高昂,甚至是无法逆转的。因此,经济发展如果以生态环境为代价,就极有可能导致经济发展与生态环境的恶性循环,这就是"生态环境陷阱"。

总体来说,中国是一个人口众多、资源有限的国家,生态脆弱区域占据相当大的国土空间。[1]随着城镇化、工业化的发展,环境问题也成为城镇化发展质量的重要衡量指标之一,事关人们的健康与福祉。从这个意义上讲,绿色发展是生态环境安全的保障。从发达国家的发展历程来看,"先污染,后治理"的发展路径虽然最终摆脱了经济发展与

① 2006年,国家环保总局首次对外发布的《中国生态保护》白皮书显示,中国生态环境脆弱区占国土面积60%以上。

生态环境保护之间的恶性循环，但是这条老路代价高昂。[①]因此，从长期来看，“先污染，后治理”的发展模式不仅不具有经济上的合理性，同时也为经济的可持续发展带来了沉重的负担。相关研究也表明，并不存在随着一国收入提高，环境得到自动改善的机制，因此以牺牲环境为代价的发展模式极有可能落入“生态环境陷阱”。

改革开放以来，随着中国经济的高速发展，生态环境状况持续恶化，环境压力已经成为中国经济发展的重要制约因素。尽管在“十一五”规划中，我们把生态环境类指标列为约束性指标，但生态环境恶化的趋势尚未得到根本扭转。2010年，全国生态环境退化成本达到15389.5亿元，占GDP的比例为3.5%左右。和2004年相比，环境退化成本增长了200.7%[②]，环境损失占中国GDP的比重达到了5%到6%[③]，陷入生态环境陷阱的可能性进一步提高。需要指出的是，党中央正视生态环境对中国可持续发展的挑战，不仅把这种理念贯彻在中国的发展实践中，而且也成为中国参与国际治理所倡导的理念。

强化绿色发展观念正是对这一陷阱的回应，通过坚持绿色发展，注重解决人与自然和谐问题，建设天蓝地绿水清的美丽中国。总体来看，中国的生态环境治理处于“先刹闸”，即生态环境恶化速度显著降

① 例如，1930年的比利时马斯河谷烟雾事件、1943年美国洛杉矶光化学烟雾事件、1948年美国多诺拉烟雾事件、1952年伦敦烟雾事件、1953年日本九州水污染事件以及持续长达40年的（1931—1972）日本富山事件。

② 中华人民共和国环境保护部规划院2013年《2010绿色国民经济核算》。

③ 新华社2013年12月11日电。

低、部分领域有明显改善,然后在此基础上实现“再反转”,即生态环境质量从整体上得到改善,生态的脆弱度降低、环境质量显著改善,从而避免陷入环境陷阱。从长期来看,绿色发展不仅是“十三五”时期的关键议题,也是中国实现社会主义现代化建设必须遵循的长远发展道路。可以这样说,没有绿色发展,即使未来中国的经济发展进入了高收入国家的行列,中国也极有可能因为生态环境的恶化丧失进一步追赶发达国家的动能。

4. 坚持开放发展,避免依附型陷阱

国际经验表明,成功跨越“中等收入陷阱”的国家都是开放型经济体。对于中等收入国家,经济发展水平实现对发达国家的追赶在客观上要建立在充分参与经济全球化的基础上,不断调整自身在经济全球化进程中的定位,构筑自身在全球竞争中的新优势。如果以保护本国产业发展的目的排斥经济全球化,或者仅仅依靠出售资源类产品或者过度依赖国际资本的方式参与全球经济形成,都有可能陷入“依附性陷阱”。拉美国家曾经普遍实行的进口替代战略的失败就说明,不顾本国经济发展的实际,脱离国际分工体系,导致要素配置不符合比较优势的基本原则,造成生产成本的增高,平衡国际收支恶化,最终不可避免地陷入“中等收入陷阱”之中。

另外一个值得借鉴的例子是东南亚国家。在1997年亚洲金融危机以前,这些国家在没有充分形成自身产业竞争优势的条件下,过早地开放资本市场,最终导致短期国际资本大规模撤离、本币大幅度贬值,爆发金融危机,并进一步演变为经济危机。一个典型的国家是马来西亚。马来西亚在1996年就进入中高收入国家,但是随后遭遇1997年的亚洲金融危机,时至今日仍旧没有进入高收入国家行列。

改革开放以来,中国逐渐从世界舞台的边缘变为世界舞台的中心,已成为世界第二大经济体和第一大贸易体,中国商品出口额占世界比重从1992年的2.24%上升到2014年的12.37%。总体来说,中国的对外开放战略获得极大的成功,成为中国经济增长的外部动力。然而,我们也应当看到,中国参与经济全球化正面临新的挑战。首先,随着国内劳动力成本的上升,基于劳动密集型的出口产品竞争力正在受到挑战,中国迫切需要提高基于创新所产生新的竞争力。其次,国际金融危机通过影响中国的外部需求将这种影响传导到国内,迫切需要中国提高应对外部冲击的能力。第三,未来中国参与经济全球化迫切需要提高中国参与全球治理的能力,这包括在全球气候变化治理、国际宏观经济政策协调、参与各种类型的区域经济发展组织,既要量力而行,同时也要有所作为,积极构筑国际发展新机制(例如,“一带一路”倡议、亚洲基础设施开发银行等)。这些开放挑战本身也蕴含着开放机遇,但是处理不好也会陷于被动,甚至陷入参与经济全球化的“依附型陷阱”。

开放发展明确了未来中国全方位参与经济全球化和全球治理的战略,不仅要避免陷入“依附型陷阱”,为中国经济发展创造新机遇,同时也为“南方国家”的崛起提供示范和创造机遇,必将对世界经济产生长久性的深远影响。

总体来说,中国具备了应对外部冲击和风险,避免依附型陷阱的能力。首先,中国有3万亿美元的外汇储备,这使得中国不会发生类似于部分欧洲国家所经历的主权债务危机。其次,中国已经具有数量可观的世界级企业,这也成为中国应对外部危机的重要保障之一。再次,中国已经开展了大规模的对外直接投资,而且相当一部分投资是资源类项目,为未来的中国经济的发展提供了资源保障。最后,在经历了1998年亚洲金融危机和2008年的全球金融危机之后,中国已经从中积累了丰富的应对外部冲击的经验。

放眼当今世界,外部环境正在发生复杂深刻的变化,各国面临的发展问题和全球化过程中的挑战也依然严峻,需要各国携起手来共同应对。中国要更好地通过沟通协商参与全球治理,也需要不断通过深化国内改革,完善与之相适应的国内制度基础,避免在未来参与经济全球化和全球治理中陷入被动。

5. 坚持共享发展,避免不平等陷阱

国际经验表明,过高的收入不平等对处于中等收入阶段的经济发展是一个实质性的威胁,极有可能导致社会不满情绪累积和经济增长停滞,陷入“不平等陷阱”。作为拉美国家的典型代表,阿根廷的基尼系数从1986年的0.428上升到1998年的0.507,在陷入“中等收入陷阱”的同时,同时落入了收入不平等陷阱。总体来看,中国的收入分配状况不容乐观,但是恶化趋势得到控制。根据国家统计局的数据,从2003年到2008年,中国基尼系数持续上升,从0.479达到0.491,城镇居民人均可支配收入与农村居民人均纯收入的相对差距,从2003年的3.23倍上升至2009年的3.33倍,达到高峰。近年来,中国的收入不平等现象有所缓解。按全国居民人均可支配收入基尼系数计算,从

2013年0.473下降至2015年0.462，城乡居民人均可支配收入的相对差距从2013年的2.81倍缩小至2015年的2.73倍。[①]然而，从国际比较看，中国的收入不平等问题仍然比较突出，导致收入不平等的原因是多维的，包括城乡差距、地区差距、城镇地区内部差距、农村地区内部差距，同时也包括工资性收入差距与资本性收入差距并存的现象。因此，解决中国的收入不平等问题是一个长期的发展议题。

需要指出的是，尽管库兹涅茨曲线预言收入不平等会随着经济发展呈现先提高后下降的模式。但是，国际发展研究表明，收入不平等并不会随着经济发展到较高水平自动地出现下降。旨在消除不平等的收入分配政策不仅是必要的，而且能在缩小分配不平等方面发挥着决定性的作用。共享发展正是对不平等陷阱的回应，只有做到发展成果由人民共享，才能朝着共同富裕方向稳步推进；只有迈入“共富小康社会”，才算是真正跨越不平等陷阱和中等收入陷阱。坚持共享发展，注重解决社会公平正义问题，不断增进人民福祉，开创中国经济社会发展新局面。

总体来说，规避“中等收入陷阱”的关键是要从经济入手、加快转变经济发展方式，从低水平的发展转向高水平发展，从低质量发展转向高质量发展，从不公平发展转向公平发展，从不协调发展转向协调发展，从不可持续发展转向可持续发展。

---

① 数据来源：国家统计局编：《中国统计摘要(2015)》，中国统计出版社2015年版，第57、59页；2015年数据系国家统计局数据。

二、推进供给侧结构性改革是跨越中等收入阶段的关键

2011年,随着中国“十二五”规划的实施,中国经济增长速度呈现阶段性的下调,经济的结构性矛盾凸显。为此,2015年中央经济工作会议明确提出供给侧结构性改革,供给侧结构性改革也被列为“十三五”规划的主线。供给侧结构性改革的提出是中国经济发展进入新常态的必然选择,正确理解并有效推进供给侧结构性改革对中国2020年全面建成小康社会、跨越“中等收入陷阱”具有长远的战略意义。深入推进供给侧结构性改革不仅要深刻认识当前中国经济发展所面临的深层次结构性问题,同时也要面向中国经济发展的长期性结构性特征。这一方面要从理论上厘清供给侧结构性改革的基本逻辑,同时也要在实践上处理好供给侧结构性改革与其他改革措施的密切关系。

对于供给侧结构性改革,我们首先要理解供给侧结构性改革的历史逻辑、理论逻辑和现实逻辑;其次,针对中国当前经济形势,厘清供给侧结构性改革与宏观经济调控的关系;最后,基于当前中国经济发展面临的突出问题以及“十三五”时期经济发展的阶段性任务,提出中国如何推进供给侧结构性改革。

1. 供给侧结构性改革的三大逻辑

首先,我们要从改革开放以来中国推进经济改革的整体进程,认

识供给侧结构性改革的历史逻辑。

从根本上讲，中国的经济改革就是马克思主义政治经济学的实践创新和理论创新。十一届三中全会公报指出，实现四个现代化，要求大幅度地提高生产力，也就必然要求多方面地改变同生产力发展不适应的生产关系和上层建筑，改变一切不适应的管理方式、活动方式和思想方式，因而是一场广泛、深刻的革命，正确改革同生产力迅速发展不相适应的生产关系和上层建筑。[①]但是，如何通过改革解放生产力、大幅度提高生产力？如何使生产关系和上层建筑适应生产力的迅速发展？在改革开放之初，还没有现成的答案，这客观上也决定了中国的经济改革需要“摸着石头过河”，允许和鼓励地方实验通过不断地实践，不断地试错，进而不断总结经验。与此同时，不断探索经济改革的顶层设计，不断地增加经济改革实践的自觉性，不断丰富建设有中国特色的社会主义理论，并不断提高它对于中国经济改革的指导性。总体来看，中国的经济改革历程体现了“自下而上”和“自上而下”的双向互动特征。

回顾中国自1978年以来的经济改革历程，中国近40年的改革实践本身就是典型的“供给侧结构性改革”。从某种意义上讲，供给侧结构性改革是对中国经济改革历程和发展内涵的高度概括，它包括三个有机联系的关键词。

---

①《中国共产党第十一届中央委员会第三次全体会议公报》(1978年12月22日通过)。

一是“改革”这一主线。马克思主义政治经济学的一个基本观点是,生产力决定生产关系,生产力的发展必然要对生产关系调整产生要求。但是,生产关系不会自动地适应生产力的发展,不适应生产力发展的生产关系甚至可以在一定时期内长期存在,直到两者之间的矛盾累积到一定程度,出现生产关系被动式、剧烈的调整。而改革本身是通过主动调整生产关系,主动适应生产力发展的客观需求,其本质就是通过不断完善制度建设来调整生产关系、解放生产力。

二是“供给侧”这一重点。改革的根本目标就是促进生产力的解放,这是以提高生产要素的效率为前提的,如劳动要素、资本要素、技术要素、知识要素、信息要素等,这都属于供给侧范畴。而且,生产力的发展也会对要素供给产生积极影响,例如提高储蓄、提高人力资本。

三是“结构性”这一特征。经济发展的过程也是结构变迁的过程,经济发展也必然伴随着各种各样的结构变迁,包括产业结构、就业结构、消费结构、投资结构、所有制结构、城乡结构等方面。这些结构性因素也是受前期经济政策影响的结果,也会成为影响经济增长的结构性因素。从某种意义上讲,经济发展的过程,各种结构性因素并不必然地沿着最佳路径演化,前期不合理的经济政策甚至也会导致某种结构性因素偏离最佳演化路径,或者说导致供给侧要素配置的结构性问题,进而影响全要素生产率的增长。

改革开放至今,中国在不同的发展阶段实施了具有阶段性特征的改革,各个阶段改革的重点领域也是不同的,在影响要素资源配置的同时,也推动结构性变化,只不过当时没有使用“供给侧结构性改革”

这一提法。改革开放以来，五次党的“三中全会”对阶段性的经济发展目标提出总体规划，对深化经济体制改革做出总体部署并制订相关改革措施，充分体现了“供给侧结构性改革”的阶段性特征。

第一次是1978年十一届三中全会，开启了中国经济体制改革的发动阶段。在这一时期，中国处在人均收入极其低下、温饱问题尚未解决、重点减少极度贫困的阶段。十一届四中全会的《中共中央关于加快农业发展若干问题的决定》提出了25项政策，直接启动了农村改革，全面推行了联产承包责任制，成为农村经济改革的关键性制度安排，极大地推进了这一时期的经济发展。首先，农村人均收入出现前所未有的高增长。1978—1985年期间，按不变价格计算，农村居民人均纯收入增长2.7倍，年平均增长率为15.2%。其次，大幅度减少绝对贫困人口。按1978年农村贫困线标准，1978年中国农村贫困人口为2.5亿人，到1985年减少为1.25亿人，贫困发生率由30.7%下降为14.8%；按2010年农村贫困线标准，1978年中国农村贫困人口为7.70亿人，到1985年减少为6.61亿人，贫困发生率由97.5%下降为78.3%。[①]再有，农村乡镇企业创造了大量新增就业，从1978年2827万人增至1985年6967万人，增加了1.47倍。

第二次是1984年十二届三中全会，此时中国进入改革的全面开局阶段，这也是中国处在极低收入发展阶段、重点解决温饱的阶段。根据党的十二大提出的“有系统地进行经济体制改革”的任务，党中央

① 国家统计局编：《中国统计摘要(2016)》，中国统计出版社2016年版，第70页。

作出了《中共中央关于经济体制改革的决定》,谋划了“全面改革蓝图”,首次提出了在公有制基础上有计划的商品经济,旨在建立充满生机的社会主义经济体制。这次三中全会开启了以城市为重点的经济体制整体改革,不过还是在计划经济体制框架下进行,解决原有体制的“激励不足”或“激励缺位”的问题。此后,国家对企业的管理逐步由直接控制为主转向间接控制为主,大幅度缩小了计划经济范围;根据不同情况,分别实行指令性计划、指导性计划或完全由市场调节;实行价格等方面的“双轨制”;积极发展多种所有制经济形式,包括全民、集体、个体经济,个体经济得到迅速发展;初步奠定中国对外开放格局,实施沿海率先发展战略。可以认为,20世纪80年代中期的经济改革是走向社会主义市场经济体制道路的过渡阶段。

第三次是1993年党的十四届三中全会,明确提出中国经济改革的方向是“建立社会主义市场经济体制”,这也是中国处在低收入、重点实现小康水平的发展阶段。根据党的十四大确定的经济体制改革的目标和基本原则,作出了《中共中央关于建立社会主义市场经济体制若干问题的决定》,共计50条,提出建立现代企业制度、建立全国统一开放的市场体系、建立完善宏观经济调控体系、建立收入分配制度、建立社会保障制度等重要任务,成为新体制的基本框架与重要支柱,为后来的改革所继承下来。需要指出的是,十四届三中全会的重要国际背景是苏联解体和东欧剧变,中国在当时的历史背景下提出了建立社会主义市场经济体制,凸显了道路自信和制度自信。

第四次是2003年党的十六届三中全会,进入“完善社会主义市场经济体制”阶段，这也是中国进入下中等收入、全面建设小康社会的发展阶段。根据党的十六大提出的建成完善的社会主义市场经济体制和更具活力、更加开放的经济体系的战略部署，作出了《中共中央关于完善社会主义市场经济体制若干问题的决定》，共计42条，成为指导21世纪第一个十年中国改革的纲领性文献，极大地激发了市场主体的成长与活力。2002年全国市场主体（包括实有企业和个体工商户等）为3111万户，到2012年增至5426万户，占总人口比例从2.42%上升至4.00%。其中，私营企业从264万户增至1086万户，年平均增长率为15.2%，从业人员从1999万人增至7557万人，年平均增长率为14.2%。这充分显示了这一时期各类市场主体大幅度增长，成为创造经济总量、贸易总量、新增就业的主体。

第五次是十八届三中全会，中国进入“全面深化改革”阶段，这也是中国进入上中等收入、全面建成小康社会的发展阶段。十八届三中全会制定的《中共中央关于全面深化改革若干重大问题的决定》共计16部分、60条，涉及336项重大举措，提出了全面深化改革的指导思想、重大原则，制定了全面深化改革的总目标和2020年要实现的阶段性目标，布置了“五位一体”改革及国防军队体制改革、党的建设制度改革，布局了改革的战略重点、优先顺序、主攻方向、工作机制、推进方式和时间表、路线图。仅从商事制度改革的红利来看，到2015年全国市场主体（实有企业和个体工商户等）已上升至7700万户，比2012年增加了2300万户，占总人口比例上升至5.62%，其中私营企业就业人员达到11180万人，个体工商户就业人员达到7800万人，合计1.90亿人。到2015年,按2010年农村贫困线标准,中国农村贫困人口已经下降至5575万人,贫困发生率下降为5.7%。[①]到2020年有望消除全部贫困人口。[②]

由以上五次三中全会可以看出,中国的改革开放一开始就凸显了三个关键词:通过改革,有效改善供给侧的要素投入及配置,进而促进了中国各类结构性变迁和优化。2015年,中国人均GDP为13571国际美元(PPP,2011年国际美元),仅相当于美国人均水平(52704国际美元)的25.7%,[③]与美国仍旧具有很大差距。这种差距的缩小归根结底还是需要通过不断提高劳动生产率来实现。因此,未来也只有通过供给侧结构性改革才能促进中国长期保持中高速增长,最重要的是促进中国各类结构的不断优化。这反映在农业比重持续下降,服务业比重持续上升,工业和制造业比重先上升后明显下降(2006年之后),人口城乡结构呈现了农村人口和劳动力比重持续下降,城镇人口和劳动力比重持续上升,劳动年龄人口平均受教育年限不断提高,劳动生产率水平不断提高,且不同产业比较劳动生产率呈现趋同。尽管全要素生产率增长率在不同时期有差异,但是在全球范围内仍然处于高增长率,尽管相对贡献率不及某些发达国家。当前,影响中国全要素生产率增长的一个重要制约因素是当前中国经济发展存在的结构性矛盾,

① 国家统计局编:《中国统计摘要(2016)》,中国统计出版社2016年版,第70页。

②《中华人民共和国国民经济和社会发展第十三个五年规划纲要》,2016年3月。

③ 数据来源:http://data.worldbank.org/indicator/.

而解决结构性矛盾必须着眼于解决供给侧要素配置的结构性问题,这需要通过深化各个领域的改革,解决结构性矛盾所导致的要素配置低效率问题,进而实现经济增长的可持续性,并且保持较高的增长速度。

其次,理解供给侧结构性改革,就必须充分理解供给侧结构性改革的经济学理论来源与发展脉络,厘清供给侧结构性改革的理论逻辑。针对供给侧结构性改革的一个典型理解就是把供给侧结构性改革与所谓的供给侧经济学(supply-side economics)联系起来,进而又把中国的供给侧结构性改革与以“供给侧经济学”为理论基础的“里根经济学”(Reaganomics)的政策主张相提并论。因此,深入理解中国的供给侧结构性改革,有必要把供给学派的主要主张以及里根经济学的政策主张出台的背景及后果加以介绍。

供给学派源于19世纪初法国经济学家萨伊(1767—1832)所倡导的古典自由主义经济学思想。特别是,他所提出的“萨伊定理”(Say's Law),即供给自动创造需求的理论,是古典经济学关于供需关系的最为重要的表述。[①]萨伊定理所倡导的经济政策基本上以放任自由与不干预为特征,强调市场的绝对主体地位,这也是20世纪初的主要资本主义国家所奉行的经济政策。然而,1929—1933年爆发的资本主义世界经济大萧条,使基于古典自由主义理念的经济政策受到严重挑战。不同于萨伊所强调的市场自动出清,以“有效需求不足”理论为基础的

① 萨伊定理在古典经济学以及新古典经济学理论中具有举足轻重的地位,其思想亦为之后的“一般均衡理论”提供了重要的理论基础。新古典主义经济学强调市场的绝对有效性,认为市场可以自动出清,达到帕累托最优的状态。

凯恩斯主义逐步成为资本主义国家主要宏观经济政策所推崇的理念。

凯恩斯主义以需求管理为核心,强调国家对经济的干预与控制。在实践上,1933年开始的“罗斯福新政”通过一系列的以需求管理为特征的经济政策,有效地应对了美国经济危机。[①]第二次世界大战以后,凯恩斯主义经济政策逐渐成为资本主义国家普遍采用的宏观经济管理手段。

第二次世界大战后资本主义世界经济高速发展,到了20世纪70年代,高失业率与高通货膨胀率并存的“滞涨”现象使凯恩斯主义经济政策广受质疑,以“需求管理”为核心的凯恩斯主义经济政策在应对“滞涨”方面成效甚微。自由主义经济学派甚至认为国家干预经济抑制了市场经济的活力,是造成“滞涨”的重要原因。由此,以蒙代尔和拉弗等经济学家为代表的供给学派的观点重新得到重视,并成为英国撒切尔政府和美国里根政府经济政策的理论依据。被冠以“里根经济学”的里根政府经济政策包括支持市场自由竞争,放松政府对企业的管制;降低税收和公共开支,主张预算平衡;强调控制货币供应量应对通货膨胀。总体而言,里根任职总统期间,美国经济的“滞涨”问题得

① “罗斯福新政”的内容包括:整顿金融体系,重塑银行信用系统,放弃金本位;通过政府对农产品的补贴,稳定农产品价格;通过“以工代赈”、兴修公共工程,增加就业刺激消费;完善社会保险体制,制定《社会保险法》以及与劳工保护相关的法案;改革行政机构,强调国家预算职能。

到了解决。[①]然而,美国"滞涨"问题的解决是否是因为里根经济学的政策主张仍旧存在争议。但是,里根经济学的后遗症是非常明显的,美国的财政赤字在里根政府时代持续恶化,财政赤字问题也成为里根任期美国经济的常态,并一直延续到20世纪90年代中期。与此同时,收入分配不平等状况显著恶化。

从本质上讲,里根经济学是新自由主义经济学,其本质是"市场万能论",而且往往把政府必要的、有益的管制打上"扭曲市场、制造不平等"的标签;其政策主张是通过自由贸易、开放市场、私有化、放松管制、减税、减少政府支出等方式促进私营部门的比重和作用,反对政府干预。然而,从20世纪80年代末到90年代期间的拉美、苏联、东欧社会主义国家转型以及20世纪90年代末亚洲金融危机来看,基于新自由主义经济学的"华盛顿共识"的政策药方在发展中以及转型国家的失败案例比比皆是。奉行新自由主义经济学的最终结果是,政府宏观经济管理能力弱化,市场运行混乱,经济运行的系统性风险不断累积,最终导致经济危机、社会动荡。即使是美国这样的发达国家,事实上也未能逃脱奉行新自由主义经济学政策主张所造成的恶果,例如收入分配差距急剧扩大、赤字规模急剧膨胀等,这些问题已经成为美国经济发展的痼疾。从某种意义上讲,由美国"次贷"危机引发的全球金融

① 美国的通货膨胀率从里根上任时(1981年)的10.35%下降到第一期任职结束(1985年)的3.55%,并在第二任期维持在温和的水平。经济增长率除了在1982年陷入负增长以外,1983—1989年期间总体上保持了3.5%以上的经济增长,总体情况好于1974—1980年期间的增长水平。

危机,也是新自由主义经济学思想在金融领域付诸实践的一个典型失败案例。

特别需要指出的是,尽管“里根经济学”所依据的供给学派理论和中国当前强调的“供给侧结构性改革”有类似的经济目标,即激发经济活力、促进经济增长。但是,中国的“供给侧结构性改革”与“里根经济学”在政策目标与发展阶段等诸多方面存在明显差别。

里根经济学的首要政策目标是抑制通货膨胀。[①]美国经济70年代末出现的“滞涨”在很大程度上与石油供给冲击导致的能源价格上升以及美国军事支出的膨胀有关,导致经济增长停滞和通货膨胀并存的现象。而中国目前的通货膨胀压力很小[②],但是结构性产能过剩比较严重,造成了资源配置的扭曲。此外,尽管中国当前经济增长放缓,但是仍旧保持了7%左右的中高速增长。这与美国在1980年陷入负增长有很大不同,而这也为中国供给侧结构性调整创造了客观条件。

从发展阶段来看,中国当前的经济结构与里根时代的美国经济具有很大差异。1980年,美国城镇化率为73.74%,服务业增加值达到63.57%,服务业就业比重为65.70%,这些指标都是发达经济体的典型标志。相比之下,中国2015年城镇化率为56.1%,服务业增加值在GDP的比重为50.5%,就业比重为42.4%,收入水平仍旧处于中等收入

① 1973—1981年,美国经济进入持续性高通胀时期,其间平均的通胀率达到9%,是继大萧条之后,美国经济通胀率水平较高、持续时间较长的时期。

② 例如,消费者价格指数(CPI)从2012年开始至今一直维持在3%以下,工业品出厂价格指数(PPI)已经从2012年3月开始连续45个月出现通缩现象。

阶段。

以上两点差别,决定了中国的供给侧结构性改革的政策手段也必然不能照搬里根20世纪80年代初实施的经济政策。里根经济学的政策手段突出的表现为减税(特别是针对资本收入与富人阶层的减税)和放松管制,进而解决"滞涨"问题。[①]而中国的供给侧结构性改革的核心是经济结构的调整和经济发展方式的转变,通过提高供给结构的适应性和灵活性,提高全要素生产率。因此,中国的供给侧结构性改革与美国20世纪80年代初实行的基于"里根经济学"的政策主张在政策目标和经济发展阶段上存在显著差异。从这个意义上讲,直接把"里根经济学"的政策主张应用到中国的供给侧结构性改革中,必然会"张冠李戴""开错药方"。因此,绝对不能认为中国的供给侧结构性改革是"里根经济学"的中国版。

进一步来讲,中国经济改革成功的一个重要原因是中国推进经济改革的自觉性和自主性。从自觉性来讲,中国在推进经济改革的过程中,并没有因为推进经济改革可能产生的各种风险而畏首畏尾,进而丧失改革和发展的时机。从自主性来讲,中国的经济改革立足于中国经济发展的客观实际,并积极适应经济全球化的客观大势,而不是去照搬所谓的"国际经验"。例如,在中国决定建立社会主义市场经济体制的过程中,中国并没有不顾国家发展的客观情况,盲目引入所谓的

① 1980年,美国个人所得税的边际税率最高达70%,企业所得税率最高达46%。尽管里根时期,美国经济比20世纪70年代中期到80年代初明显好转,但是很多分析认为这一情况不能完全归功于里根的经济政策。

"华盛顿共识"的药方。同样地,中国当前推进供给侧结构性改革也体现了中国推进经济改革的自觉性和自主性。

第三,在经济发展进入新常态条件下,供给侧结构性改革有其现实逻辑。中国经济增长率下行不仅成为当前经济的突出问题,也成为全球关注的焦点之一,因为中国不仅是世界第二大经济体(汇率法)或第一大经济体(购买力平价法),还是世界第一大贸易体。因此,中国经济的未来走向对世界240个国家和地区,特别是对把中国作为重要贸易伙伴的130—140个国家和地区直接产生溢出效应。这也是与前几个阶段的经济改革最大的不同之处。认清供给侧结构性改革的现实逻辑,也就是准确回答为什么要把供给侧结构性改革作为"十三五"时期主线。把握住"主线",就抓住了决定经济发展的主要因素,抓住了未来经济发展所要解决的主要矛盾。这就需要厘清当前经济发展所面临的两个主要问题:其一,如何正确看待"一二五"时期的经济增长率下行现象?其二,怎样在"十三五"时期通过"调结构"而不是通过"扩大内需"来实现"保增长"?

"十二五"时期经济增速下滑凸显了供给侧结构性改革的必要性。1978—2015年期间,中国经济的平均增长速度为9.6%,与日本在1950—1972年期间的平均增速9.35%相当,高于韩国在1961—1996年期间的平均增速(8.6%)。[①]从经济波动来看,中国经济的高增速也曾

① GDP数据系1990年国际美元,计算数据来源:Angus Maddison, 2011, Historical Statistics of the World Economy: 1-2008 AD.

经历过若干次阶段性的下降(见图4-3),其中包括1978—1981年期间被迫调整,经济增速从11.6%下降到5.1%;1984—1990年期间再次被迫调整,经济增速从15.2%下降到3.9%;1992—1999年期间增速从14.3%回落到7.6%;2007—2015年期间增速从14.2%回落到6.9%。总体来看,改革开放以来中国经济增速的稳定性趋于加强。特别是1992年之后,中国经济基本上没有出现计划经济时期的"大起大落"现象,这也反映出中国宏观调控能力的日趋成熟。总体来看,经济增速的变动是外部需求因素(或者说是周期性因素)、内部结构性因素以及宏观调控等因素共同作用的结果。但是,每一次调整都包含了经济结构的转型,进而为下一阶段的增长奠定基础。

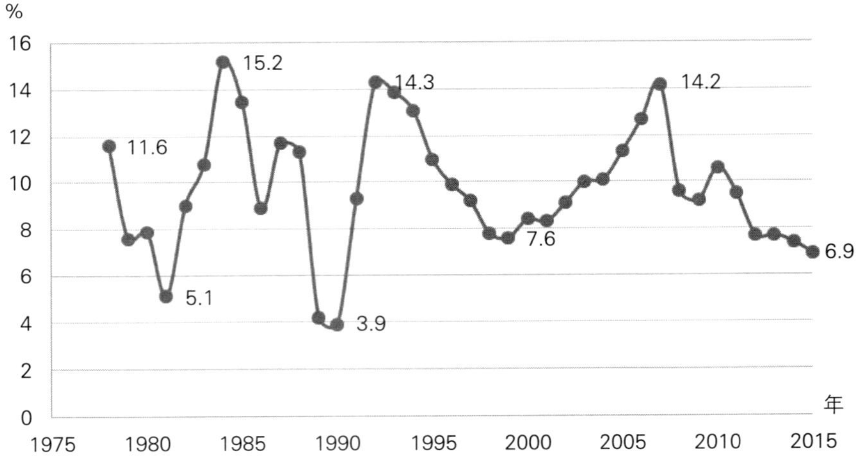

图4-3 中国经济增长率(1978—2015年)

数据来源:国家统计局编:《中国统计摘要(2016)》,中国统计出版社2016年版,第24页。

从2011年起,中国经济发展进入新常态,经济增速逐步由2011年的9.5%下降到2015年的6.9%(1991年以后首次“破七”)。对于中国经济增长率下行,一个重要观点是中国经济受周期性因素的影响,即外部需求增速放缓(甚至负增长)拖累了中国经济增长。从外部需求因素来看,2008年的全球金融危机确实对中国经济造成显著的外部冲击,这也与中国高度开放、深度融入世界经济直接相关。从当前世界经济环境及近几年中国经济增长的态势来看,外部需求的低迷甚至萎缩确实对中国经济增长下行具有相当的解释力:“十二五”时期,中国货物进出口总额占GDP的比重显著下降,由2011年的49.16%下降到2015年的35.74%,2015年的水平甚至低于加入WTO之前的水平(2001年38.8%)。

金融危机以后,世界经济正处于新旧思维碰撞、新旧动力转换、新旧力量对比、新旧规则交替的动荡期、转型期、变革期和调整期。[①]总体来看,近年来世界经济正面临着以“低贸易增长、低经济增长、高公共债务”等为主要特征的新现实[②],世界经济正经历着结构性变化,整体好转仍旧面临着巨大的不确定性。一方面,新兴经济体对世界经济增长的拉动作用在弱化,而且出现分化;另一方面,发达经济体对拉动

① 陈文玲、颜少君:《当前世界经济发展的新趋势与新特征》,《南京社会科学》2016年第5期。

② 2014年10月,国际货币基金组织总裁拉加德指出世界经济进入“新平庸”(New mediocre),即长期的低增长。2015年4月她再次发出警告:今天,我们必须防止“新平庸”变成“新现实”(‘New reality’of lower growth)。

世界经济增长的贡献也是有限的，尚不足以推动世界经济稳定复苏。此外，影响世界经济增长的不确定因素不容忽视，例如，欧洲央行在2015年底和日本央行在2016年1月底分别实施负利率政策，这对全球金融体系的稳定带来了新的不确定性；“英国脱欧”极有可能对欧洲经济增长造成负面影响，同时也将深刻地影响全球资本市场。此外，特朗普就职美国总统以来以及美元加息也将成为影响世界经济的重要因素。总体来说，近年来出现的“逆全球化”趋势已经给世界贸易增长和世界经济增长带来了负面影响，这也不可避免地对中国经济增长产生负面影响。

尽管外部因素对中国经济增长的影响不容忽视，但是，如果据此认为当前中国经济面临的主要问题是周期性问题，这也是片面的，我们不能忽视结构性问题对中国经济增长的影响。由全球金融危机引发的周期性因素影响，导致中国在2008年底到2010年期间为了实现“稳增长”实施了大规模的经济刺激计划，从而加剧了中国经济的结构性矛盾，并且使得结构性矛盾在“十二五”期间日益凸显。因此，外部需求下滑是近几年经济增速下行的外因、次因，而国内经济结构问题是增速下行的内因、主因。

加剧中国经济结构性问题的一个重要因素是房地产投资对经济增长的影响（见图4-4）。全球金融危机前，中国城镇房地产投资在2000—2007年期间的名义增长率达到27.4%，接近名义GDP增长率的两倍（为15.1%）。全球金融危机爆发后，城镇房地产投资增长率在2009年降低到14.1%，随后在2010年反弹到32.8%。进入“十二五”时期以后,城镇房地产投资增速显著下滑,2015年下滑至0.38%,直接导致近年来经济增速下滑。更重要的是,房地产投资增速的下滑又直接导致与房地产投资密切相关的行业(例如煤炭、钢铁、水泥、建材等)的需求增速下降,进而也成为煤炭、钢铁等行业产能过剩的重要原因,从而形成了当前"去库存、去产能"压力。此外,为应对国际金融危机,2008年末开始的经济刺激计划导致银行业加大了对房地产以及钢铁、煤炭、水泥等行业的信贷投放。在地方政府的极力支持下,地方融资平台也获得了银行业的巨量信贷投放,信托贷款在2011—2013年期间一度急剧膨胀,导致地方政府债务扩张以及杠杆率不断提升,造成了当前的"去杠杆"压力。

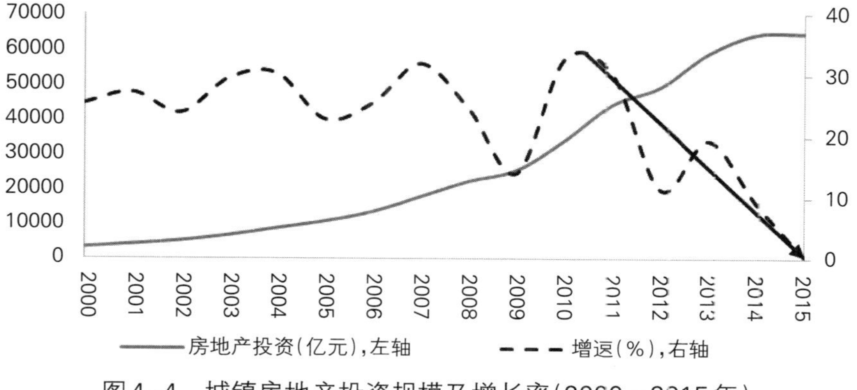

图4-4　城镇房地产投资规模及增长率(2000—2015年)

数据来源:国家统计局编:《中国统计摘要(2016)》,中国统计出版社2016年版,第91页。

"十三五"时期,供给侧结构性改革成为经济发展的主线。尽管

“十二五”时期中国经济出现增速下滑，但是经济结构调整还是取得了显著的成效，符合中国经济长期发展的结构调整方向。从宏观上讲，“十二五”时期的结构调整主要体现为：第二产业比重显著下降和第三产业比重显著提升。[①]其中，第三产业的比重由2010年的44.2%上升到2015年的50.5%，提高了6.3个百分点；第二产业比重由46.2%下降到40.5%，降低了5.7个百分点，两者的变动率均显著高于历次五年规划（或计划）时期。更进一步地讲，结构调整必然带来增长动力的转换，而旧的增长动力退出和新的增长动力发挥带动作用往往是不同步的。如果旧的增长动力退出相对较快，新的增长动力成长相对较慢，短期经济增长速度就会出现下降。因此，经济增长下降也是结构调整的自然结果。从“十二五”期间各省GDP平均增长率与第二产业和第三产业变动率的对比分析来看（见图4-5），各地区间的GDP增长率与第三产业比重的变化呈现一定程度的负相关关系，与第二产业比重的变化呈现一定程度的正相关关系。这也就是说，第三产业比重上升幅度高、第二产业下降幅度高的地区，GDP增长率相对较低。因此，考虑到结构性因素，“十二五”期间的经济增速下降具有合理性，也不必对此过于悲观；更何况“十二五”时期的平均经济增速为7.8%，尽管低于1978—2010年9.9%的增速，但是仍然高于7%的预期目标。

---

① 第一产业占GDP的比重在2010—2015年期间仅下降0.6个百分点，显著低于其他五年规划（或计划）时期。2010年第一产业占GDP的比重为9.6%，该数值基本进入了缓慢变化时期。

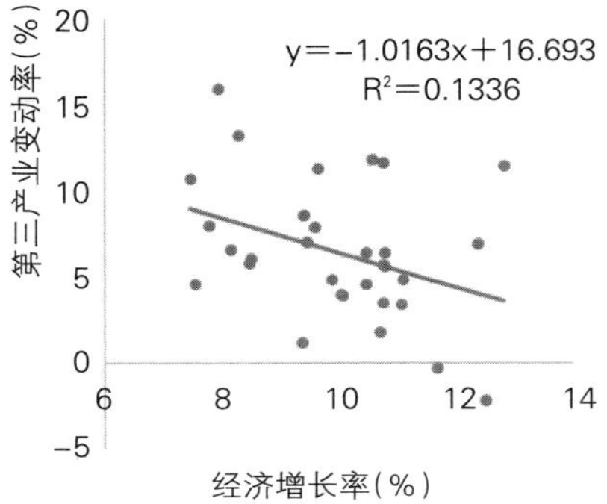

经济增长率与第三产业变动率

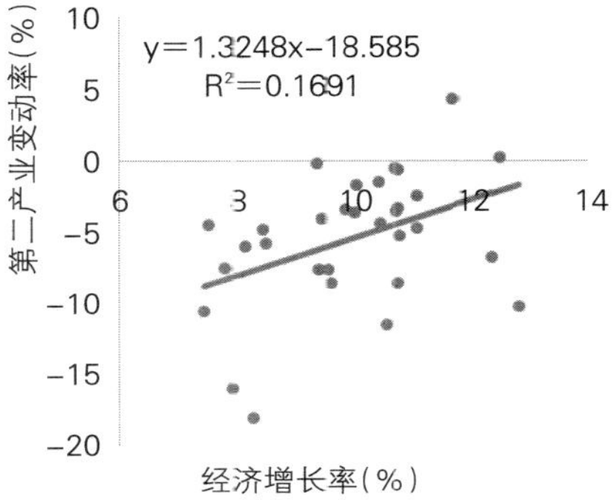

经济增长率与第二产业变动率

图4-5 “十二五”期间各地区经济增长率与经济结构变动

数据来源:2011—2016年《中国统计摘要》。

从综合发展指标来看,“十二五”时期经济增长质量显著提高,产业结构、城乡结构、科技(除了研发经费支出占GDP比重之外)、教育和资源环境类指标基本完成了“十二五”规划目标。我们利用“目标一致法”对历次五年规划进行了评估,结果显示“十五”计划完成率为64%,“十一五”规划完成率为86%,而“十二五”规划完成率则高达96%。由此可见,尽管“十二五”期间出现经济增长下行,但是综合的五年规划完成率好于之前的两个五年规划,这也为“十三五”时期保持中高速经济增长、实行供给侧结构性改革创造了良好的条件。总体而言,“十二五”时期所出现的这些结构性变化是基础性、长期性的,也都是积极的、良性的变化,基本符合中国工业化(进入第二产业与经济比重下降的后期)、城镇化(仍处在城镇人口比重的快速上升期)的长期发展趋势，居民消费结构不断升级(尤其是城乡居民恩格尔系数均下降至30%左右，进入更富裕类型阶段)[①]，与中国经济长期结构调整优化的基本方向是一致的。

尽管“十二五”期间中国经济的调结构已经取得了显著的成就，但是结构性问题依旧突出，结构调整还远远没有到位，“稳增长”的压力和“调结构”的困难并存。如果处理不好，将使得“调结构”和“稳增长”之间的矛盾更加突出。一方面，“十三五”时期的经济增长率仍旧是衡量这一时期发展的重要指标，因为它涉及中国经济总量能否在2020年实现比2010年翻番的目标。对“十三五”期间经济增长率的正确认识，要建立在充分评估中国潜在经济增长率的基础上。潜在经济增长率是指由经济要素实现有效配置所能达到的增长率，是在某一较长阶段可维持的增长率。对于中国未来潜在经济增长率有多种评估。例如，蔡昉认为“十三五”期间中国潜在经济增长率为6.2%[②]，其主要理由是劳动力随着人口老龄化出现短缺，以及受此影响所导致的资本回报率下降；张军认为中国未来十年的潜在增长率约为7%—8%，其主要理由是中国的人均收入水平与发达国家相比还有巨大差距[③]；林毅夫认为中国经济至少还有10年8%的潜在经济增长率，其理由也是中

① 2015年全国居民恩格尔系数为30.6%，城镇居民为29.7%，农村居民为33.0%。

② 蔡昉：《增长潜能+改革红利——怎么看上半年经济增长7%》，《人民日报》2015年8月5日。

③ 张军：《中国经济的潜在增长率》，《金融时报》(中文版)2013年10月28日。

国人均收入水平相对较低,仍存在较大的后发优势。[①]

综合考虑经济发展阶段所蕴含的后发优势、产业结构变迁动能、城镇化的拉动效应、人力资本的累计效应和规模效应以及创新驱动潜能,我们认为未来十年中国的潜在经济增长率在7%左右是合理的,也是有保障的。"十三五"规划把经济增长率预期目标确定在6.5%以上既是经济增长的底线,也是留有余地的,既没有超出中国的潜在经济增长率,也为结构调整留出了空间。从长期来看,结构性因素仍旧是中国未来潜在增长率的重要决定因素,解决好结构性问题是未来中国经济的实际增长率保持在潜在增长率水平的关键。

从外部需求来看,如果世界经济"新现实"成为世界经济"新常态",我们把破解当前中国经济困境的希望寄托于外部需求的改善,"稳增长"则必然陷入被动。因此,"调结构"是为了争取"稳增长"的主动性。未来中国经济增长率既要取决于外需因素(或者说周期性因素),更重要的是取决于能否深入进行结构调整。从结构性因素来看,改革开放以来中国经济高速增长的一个重要推动因素就是经济结构的不断优化。当前,结构性问题突出地表现为房地产高库存和部分工业部门的产能过剩,杠杆率不断攀升,企业经营成本攀升。[②]2012—

① 林毅夫:《中国经济至少还有10年8%的增速潜力》,《经济日报》2015年3月22日。

② 2016年2月23日,《金融时报》刊文《中国企业去杠杆:难存侥幸》援引国际清算银行(BIS)的估计,到2015年第二季度底,中国的非金融企业的债务占GDP的比重超过160%,显著高于欧洲和日本将近110%的水平,远远高于美国和英国大约70%左右的水平,也明显高于印度(50.1%)、巴西(75%)和俄罗斯(57%)左右的水平。

2016年期间，中国的工业品出厂价格指数出现了连续4年的“通缩”现象，这也反映了中国经济的主要问题是结构性问题，传统工业品生产能力明显过剩，部分产业的产能利用率明显低于国际通常水平。这不仅反映出中国的传统工业化正在走向尽头，也反映了要素配置效率低下，并极有可能导致金融风险的不断累积。解决这些问题也是供给侧结构性改革要实现的短期目标，但是也不是一两年或几年就可以完成的。

总体而言，中国进入经济增长速度换挡期、结构调整阵痛期和前期刺激政策消化期“三期叠加”阶段，战略机遇期的内涵发生深刻变化，抓住和利用好这一战略机遇期仍面临严峻挑战，特别是长期积累的结构性问题凸显，制约着全要素生产率提高和经济稳定增长。从这个意义上讲，深入推进供给侧结构性改革不仅是应对当前结构性矛盾的方法，同时也为未来经济可持续发展创造战略机遇。“十三五”乃至更长时期，中国的结构调整仍将持续进行，经济增长率既受到内外部需求性因素影响，同时也在很大程度上取决于供给侧要素的实际配置状况，即结构性因素。未来中国经济结构变化仍主要体现在第二产业和第三产业比重的变动上。因此，把供给侧结构性改革作为“十三五”时期经济发展的主线符合中国长期经济可持续发展的客观需要，通过深入推进“调结构”，实现“稳增长”，这是当前经济发展面临的主要问题。

“十三五”规划明确把供给侧结构性改革作为发展主线，表明供给侧结构性改革不仅着眼于解决当前中国经济所面临的突出的结构性矛盾,更是着眼于中国经济的中长期发展。从短期目标来看,要确保完成2015年中央经济工作会议提出的"去产能、去库存"等三要任务,同时要着力实现"稳增长"和"降风险"。从中长期来看,供给侧结构性改革的基本目标还是加快转变经济发展方式,提高劳动生产率和全要素生产率,稳定经济潜在增长率。特别是,"十三五"规划在强调结构调整方面更加凸显实现绿色发展。中国政府已经承诺计划在2030年左右二氧化碳排放达到峰值,且将努力早日达峰。[①]这表明,节能减排、改善环境质量将成为中国长期经济增长的约束性条件,也是影响未来中国经济长期增长的重要的结构性因素。从这个意义上讲,结构性因素是中国经济发展的长期性影响因素。

2. 以供给侧结构性改革引领新常态

从理论上讲,推进供给侧结构性改革具有三方面的内涵。其一,从微观上讲,提高"供给侧"生产要素的配置效率以及提高全要素生产率,实现增长动力的转化。其二,从中观上讲,就是要优化经济结构,通过"去库存""去产能"等消解无效供给,通过发展新产业、创造新业态,扩大有效供给以及创新供给模式,降低供给与需求的不匹配,使得经济发展建立在供需动态平衡的基础上。需要指出的是,供给侧结构性改革不是经济结构调整的"休克疗法"。经济结构调整是中国经济发展的常态,是一个长期性任务,供给侧结构性改革应当顺应经济结

① 2014年11月12日,中美两国领导人正式发表《中美气候变化联合声明》。2016年9月3日,在杭州G20峰会,中国国家主席习近平和美国总统奥巴马先后向联合国秘书长潘基文交存气候变化《巴黎协定》批准文书。

构调整的客观要求。其三,从制度上讲,要通过深入落实各项制度安排(例如,简政放权、推进新型城镇化建设、深化国企改革、深化资本市场改革、加快推进创新驱动发展战略等),形成改革合力,发挥市场在资源配置中的决定性作用,同时在市场失灵领域发挥积极作用(例如,环境保护、减少贫困、提供公共服务、反垄断、基础研究等)。

总体来说,供给侧结构性改革的提出根植于中国经济发展与改革的实践,也是党的十八大以来党中央关于中国经济发展理论的新探索,是依据当前以及未来中国经济发展面临的主要问题和阶段性目标逐步形成的。[①]供给侧结构性改革的提出是基于当前中国经济面临的一些突出性困难(例如,房地产库存高、产能过剩、债务高企、企业经营成本高等问题)。这些问题也是供给侧结构性改革要实现的短期目标,但是也不是一年、两年就可以完成的。因此,供给侧结构性改革不可能一步到位,也不可能一蹴而就,这是由中国城镇化以及需求结构变迁的长期性决定的,对应了中国从中高收入国家向高收入国家跨越

① 首先,2013年,十八届三中全会提出,发挥市场在资源配置中的决定性作用。其次,2014年,习近平总书记提出了中国经济进入"新常态"的论断,从增长速度、经济结构和增长动力三个方面总结了"新常态"的主要特点,即从高速增长转为中高速增长;经济结构不断优化升级;从要素驱动、投资驱动转向创新驱动。第三,2015年,十八届五中全会首次提出"创新、协调、绿色、开放、共享"五大发展理念,不仅着眼于经济增长方式的转变,也强调了经济发展成果要实现为全民所共享。第四,2015年,习近平总书记在中央财经领导小组第十一次会议上首提"着力加强供给侧结构性改革",并在中央经济工作会议得到进一步明确。进一步,在2016年1月底的中共中央政治局集体学习中,"推进结构性改革特别是供给侧结构性改革"被视为"十三五"的一个发展战略重点。

的发展阶段,这在客观上也决定了供给侧结构性改革的重要性、必要性和长期性。

2010年,中国经济发展水平进入上中等收入阶段在“一二五”时期,中国经济发展进入新常态,经济增长速度实现减速换挡,经济结构实现深度调整,为推进供给侧结构性改革奠定了良好的基础。从当前发展阶段来看,中国经济面临向高级阶段过渡的关键时期:新型城镇化建设进入关键时期,2015年中国城镇化率达到56.1%,预计2020年超过60%,2030年达到70%左右;结构调整进入关键时期,中国经济整体进入后工业化社会,产业结构升级由从工业主导进入服务业主导,预计到2030年三次产业结构比例进入相对稳定期,其中工业增加值占GDP的比例大约为23%左右,服务业增加值占GDP的比例超过60%;跨越“中等收入陷阱”的关键时期,预计在2025年左右,届时中国人均国民收入水平将进入高收入国家行列。总体来看,从现在起到2030年这一发展时期是中国产业升级、消费升级为驱动的产业结构调整和经济增长方式转变的关键时期,深入推进供给侧结构性改革对于推进中国经济向形态更高级、分工更复杂、结构更合理的高级阶段演进具有战略意义。

3. 如何推进供给侧结构性改革:做好“加减乘除”

随着中国经济整体向更高级的阶段发展,经济增长的复杂性和面临的挑战也将更加突出,产业结构调整和升级将成为这个阶段经济增长的核心。产业结构调整意味着不同产业的增长速度有差异,有的产业处于快速成长期,有的产业处于衰落期。因此,从产业发展趋势来看，有加法有减法。产业结构升级既包括各产业部门技术水平的不断提高，也包括各产业绿色发展能力的不断增强，同时有效控制经济增长过程中的各种风险。因此，产业结构升级，有乘法有除法。综合以上分析，供给侧结构性改革的深入推进就是要综合利用政策组合，做好产业结构调整和升级的“加减乘除”，实现经济结构优化和增强经济增长的可持续发展水平。用一个示意性方程表示，就是通过“加减乘除”四则运算推进供给侧结构性改革。

$$政策组合=[提高有效供给+消除无效供给]\times\frac{创新驱动}{绿色发展}$$

做“加法”就是拓展经济发展新空间，增强国民经济体系中基础领域(例如农业)的自生能力，满足基本民生需求以及人民生活质量日益提高的要求，提高有效供给能力。这包括提高农业生产专业化、规模化和现代化水平，提升农业产业化和市场化水平，满足人民群众对于高质量农产品的需求；推进战略性新兴产业发展，加快推进制造业的产业结构调整，促进新产品、新产业、新业态的发展；适应服务业在国民经济中比例不断提高的趋势，通过制度创新加快服务业的整体发展，降低民间资本进入高端服务业的门槛，释放民间资本推动服务业发展的潜力，特别是拓展民间资本在养老、健康、旅游、文化娱乐等涉及基本民生事业与生活质量的生活服务业发展。大力推进区域协调发展，夯实区域发展“新空间”，深入推进“京津冀”协调发展、长江经济带、“一带一路”三大区域战略，切实落实新型城镇化战略，加快提高户籍人口城镇化率，在基础设施与公用事业领域，积极探索各种类型的公司合作伙伴(PPP)模式。

做“减法”就是消除无效供给，淘汰落后产能，消除阻碍经济主体活力的制度性因素以及政府对企业的不合理干预，进而增强企业微观主体活力。当前，应当在“去产能”“去库存”初步取得成效的基础上，继续推进“去产能”“去库存”。消除歧视民间资本的制度环境，清理、废除妨碍统一市场和公平竞争的各种规定和做法，消除对民间资本产业进入的制度性歧视，拓展民间资本的投资领域，提高中小微企业的纳税门槛，降低企业税负。优化国有企业发展格局也有赖于做好“减法”，其主要任务是通过剥离国有企业中缺乏市场竞争力、非公益、效益低下的非主营业务，淘汰国有企业中的“僵尸企业”，通过国有企业的“瘦身强筋”实现国有企业的“做大做优做强”。

做“乘法”就是全面构筑创新驱动增长模式。“十三五”规划提出了五大发展理念，创新发展成为五大发展之首，并且把“创新驱动”作为“十三五”时期经济社会发展的主要指标。总体而言，创新驱动对转变经济增长模式具有全局性的影响，对产业升级以及整体经济增长质量发挥乘数效应。做好“乘法”包含三个关键支撑因素，一是构建全社会的创新投入机制，发挥制度创新的导向功能，完善国家创新体系；二是完善收入分配制度，加大对科技人才的激励，激发各类创新主体的创新动能；三是充分发挥资本市场对创新应用转化的催化作用，深化资本市场制度改革，积极培育和优化“创新、创业”的资本市场环境，提高资本市场对创新、创业的支持力度，加快科技成果转化，实现科技创新和科技应用良性发展。总体而言，随着中国向高收入国家迈进，能否发挥创新驱动的“乘法”效应是关键。

做“除法”就是降低单位GDP的资源消耗和污染排放，例如，降低能源消耗、水资源消耗，减少废水、废气、固体废弃物、二氧化碳等的排放，其根本目的就是实现绿色发展，夯实可持续发展能力。总体来看，在“十一五”和“十二五”两个五年规划的执行中，资源环境类的指标完成状况较好，而“十三五”时期，资源环境类指标占据25个规划指标中的10个，并且全部是约束性指标，可以说把绿色发展提升到国家整体发展的新高度。做好“除法”，一方面要提升全社会的绿色发展意识，把促进绿色发展贯穿到生产和生活的各个环节；另一方面要建立严格的节能、降耗、减排为主要内容的“除法”标准，作为企业生产的“高压线”，并在实践中严格执行，不打折扣。此外，也可以通过引导性政策，例如通过绿色财政、绿色金融等手段，积极引导企业绿色生产、居民绿色消费。总体而言，做好“除法”就是促进绿色发展，这对提升中国经济增长质量具有全局性影响，有助于夯实可持续发展的基础，保证中国经济发展“行稳致远”。

需要指出的是，上述四则运算在不同领域的应用并非是相互孤立的，而是应当因地制宜地运用“加减乘除”四则运算的政策组合，发挥不同政策手段的合力，主动适应并积极引领经济新常态。这些政策组合包括：(1) 充分利用“乘法”做好“加法”，例如，依托技术创新促进新产业、新业态的发展，一个典型的例子就是当前蓬勃发展的“平台经济”；(2) 基于做“除法”的标准做好“减法”，例如对“去产能”部门的能源消耗、资源消耗和污染排放设定“除法”标准，对于达不到标准的企业，坚决淘汰，实现做“减法”；(3) 充分利用“乘法”做好“除法”，即充分利用技术创新，推进企业节能、降耗和减排，做好“除法”。

此外，在推进供给侧结构性改革的过程中，必然也伴随着风险的释放，例如部分产业部门结构调整带来的失业问题所引发的社会性风险以及各类结构性因素所导致的金融风险，这些可以被视为内部风险。与此同时，外部经济环境的变化(例如，逆全球化对世界贸易增长的影响)也会对中国经济的稳增长和调结构带来压力，这可以被视为外部风险。对于这些风险，除了要主动防范、及早识别以外，还应当通过宏观调控手段积极应对。也就是说，在推进供给侧结构性改革的过程中，要充分利用各种宏观调控手段，发挥财政政策、货币政策、外贸政策、投融资政策等在“稳增长”和“降风险”方面的作用。

针对内部风险，通过“补短板”能够有效防范和控制社会风险，使得社会环境有利于各项改革的深入推进；积极推动国有企业改革和资本市场改革，着力推进“去杠杆”，主动化解和防范金融风险，并在一定程度上为“降成本”创造条件。针对外部风险，积极引导企业“走出去”，积极参与各类区域经济组织和经济论坛，旗帜鲜明地反对各种“逆全球化”思潮，在对外贸易、对外投资、区域经济合作、外汇储备和汇率稳定等诸多领域，加强外部风险评估和压力测试，避免被动应对。总而言之，随着供给侧结构性改革的深入，“稳增长”“调结构”和“控风险”三者之间进一步复杂化，在推进“调结构”的过程中，有必要通过宏观调控手段实现“稳增长”，避免风险过快释放，从而加大“调结构”的难度。

总体而言，深入推进供给侧结构性改革的关键是要适应当前中国经济发展的阶段性客观趋势，主动适应新常态，并通过“加减乘除”政策组合，以及有效控制各种内部外部风险，积极引领新常态，推动中国经济结构调整和经济增长方式转型，推动中国经济转型升级，实现由投资驱动转向消费拉动为主、由工业主导转向服务业主导的重大转变，使中国经济在走向高级发展阶段的过程中更加稳健、更高质量、更可持续，并持续地发挥世界经济增长引擎的作用。

三、供给侧结构性改革：中国实践创新与理论创新

《中华人民共和国国民经济和社会发展第十三个五年规划纲要》首次将“供给侧结构性改革”作为五年规划的主线，既是改革开放以来“改革”“供给侧”“结构性”三个关键词的集大成，又成为中国经济发展进入新常态、引领新常态的主线。习近平总书记指出：“供给侧结构性改革，重点是解放和发展社会生产力，用改革的办法推进结构调整，减少无效和低端供给，扩大有效和中高端供给，增强供给结构对需求变化的适应性和灵活性，提高全要素生产率。”“从政治经济学的角度看，供给侧结构性改革的根本，是使我国供给能力更好满足广大人民日益增长、不断升级和个性化的物质文化和生态环境需要，从而实现社会

主义生产目的。”[1]党的十九大报告进一步明确提出，必须坚持质量第一、效益优先，以供给侧结构性改革为主线，推动经济发展质量变革、效益变革、动力变革，提高全要素生产率。供给侧结构性改革本质上就是不断调整生产关系，适应生产力又解放生产力、发展生产力，既充分体现了马克思主义政治经济学的基本原理，又充分体现了当代中国改革开放的“中国实践”“中国理论”。

供给侧结构性改革是中国实践创新与理论创新的互动过程，成为指导未来中国经济发展及转变发展方式的主线，也为进一步实践创新提供了理论基础、政治共识。诚如毛泽东所言：人的正确思想，只能从社会实践中来。而代表先进阶级的正确思想，一旦被群众掌握，就会变成改造社会、改造世界的物质力量。

① 习近平：《在省部级主要领导干部学习贯彻十八届五中全会精神专题研讨班上的讲话》，人民出版社2016年版，第29—30页、第34页。

第5章　中国迈向高收入的展望

ZHONGGUO

KUAYUE ZHONGDENG SHOURU XIANJING

从过去近40年的改革开放历程来看，中国是世界上为数不多的发展成功案例。首先，中国实现了持续高增长，按不变价格计算，1978年到2016年国内生产总值增长了32.19倍，年平均增长率为9.6%，其中1978—2010年期间GDP年平均增长率为9.9%，为高速增长阶段，2011—2016年期间GDP年平均增长率为7.8%，为中高速增长阶段。

其次，中国实现了从极低收入水平到上中等收入水平的跨越。1978年，中国的人均国民总收入（GNI）不足低收入水平国家平均水平的一半，居世界后列。根据世界银行数据库提供的数据，当时中国在世界188个可统计的经济体中排位为175位，位居最后6.9%，是一个典型的最不发达国家；到1990年，中国在世界200个可统计的经济体中排位为178位，位居最后11.0%，基本解决温饱；到2000年，中国在世界207个可统计的经济体中排位为141位，位居最后31.9%，中国进入下中等收入阶段，总体实现小康水平；到2015年，中国在世界214个可统计的经济体中排位为96位，位居世界44.9%位置，中国进入上中等收入阶段，正处在全面建成小康社会的决胜阶段；未来的基本方向，就是进入高收入阶段，在未来十年内跨越“中等收入陷阱”，成功地进入高收入国家行列。

一、基于国际比较的收入分组统计

利用世界银行的数据，我们对1995—2015年期间，按照绝对收入法（基于Atlas方法统计的人均GNI的美元值）和相对收入法（PPP，2011年国际美元）对世界人口规模超过100万以上的国家和地区进行统计分析，进而从国际发展的视角理解中国从低收入阶段向中高收入阶段的发展过程。我们分别选取1995年、2005年和2015年三年的数据，数据样本覆盖20年。

1. 绝对收入法

按照绝对收入法，1995年，世界上低收入国家（人均GNI低于765美元）的人口累计数占世界总人口的比重为57.0%，中低收入国家（人

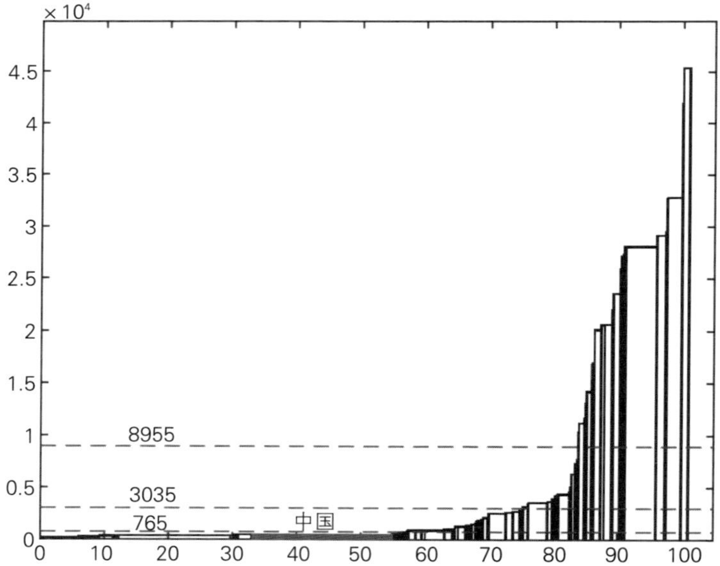

图5-1　1995年世界各国收入组（按照Atlas方法）

注：横轴代表不同收入国家的人口比例（按照人均GDP排序）；纵轴代表人均GDP（按照Atlas方法）；虚线处的收入水平分别是低收入国家、中低收入国家、中高收入国家以及高收入国家的收入分组门槛值。

均GNI在765美元和3035美元之间)的人口累计数占世界总人口的比重为18.2%,中高收入国家(人均GNI在3035美元和8955美元之间)的人口累计数占世界总人口的比重为8.6%,高收入国家(人均GNI高于8955美元)的人口累计数占世界总人口的比重为16.2%。1995年,中国属于低收入国家,人均GNI为540美元,人口数占低收入国家人口总数的38.4%(见图5-1)。

按照绝对收入法,2005年,世界上低收入国家(人均GNI低于825美元)的人口累计数占世界总人口的比重为36.6%,中低收入国家(人均GNI在825美元和3465美元之间)的人口累计数占世界总人口的比

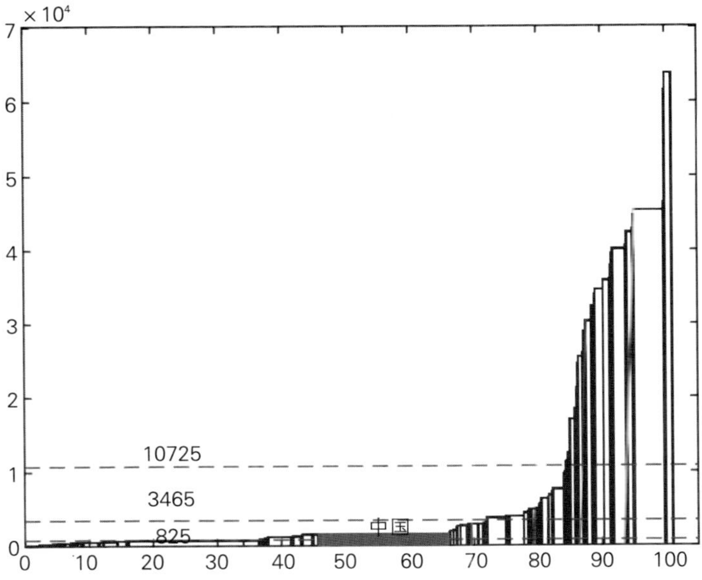

图5-2　2005年世界各国收入组(按照Atlas方法)

注:横轴、纵轴及虚线的含义同图5-1。

重为35.2%，中高收入国家(人均GNI在3465美元和10725美元之间)的人口累计数占世界总人口的比重为8.6%，高收入国家(人均GNI高于8955美元)的人口累计数占世界总人口的比重为12.5%(见图5-2)。2005年，中国属于下中等收入国家，人均GNI为1760美元，人口数占下中等收入国家人口总数的57.9%。

按照绝对收入法，2015年，世界上低收入国家(人均GNI低于1045美元)的人口累计数占世界总人口的比重为8.4%，中低收入国家(人均GNI在1045美元和4125美元之间)的人口累计数占世界总人口的比重为40.7%，中高收入国家(人均GNI在4125美元和12735美元之

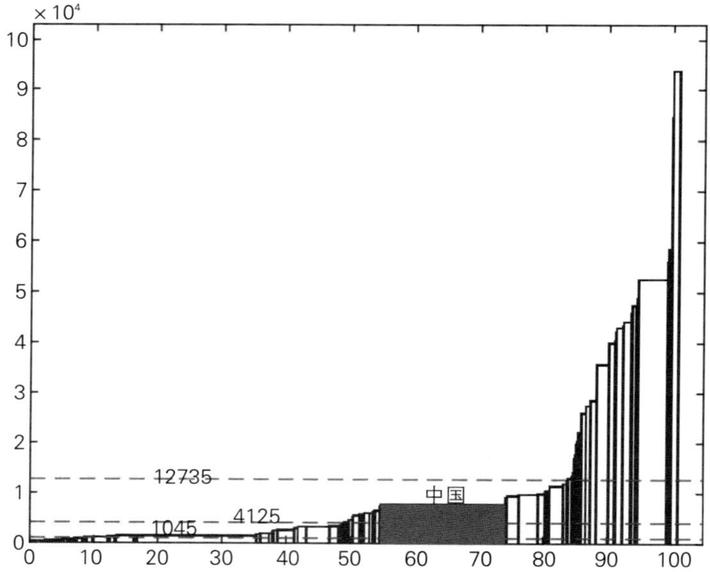

图5-3　2015年世界各国收入组(按照Atlas方法)

注:横轴、纵轴及虚线的含义同图5-1。

间）的人口累计数占世界总人口的比重为37.7%，高收入国家（人均GNI高于12735美元）的人口累计数占世界总人口的比重为16.2%（见图5-3）。2015年，中国属于上中等收入国家，人均GNI为7930美元，人口数占上中等收入国家人口总数的51.3%。

2. 相对收入法

按照相对收入法，1995年，世界上低收入国家（人均GDP按照2011年不变价格计算低于美国的5%）的人口累计数为9.2%，中等收

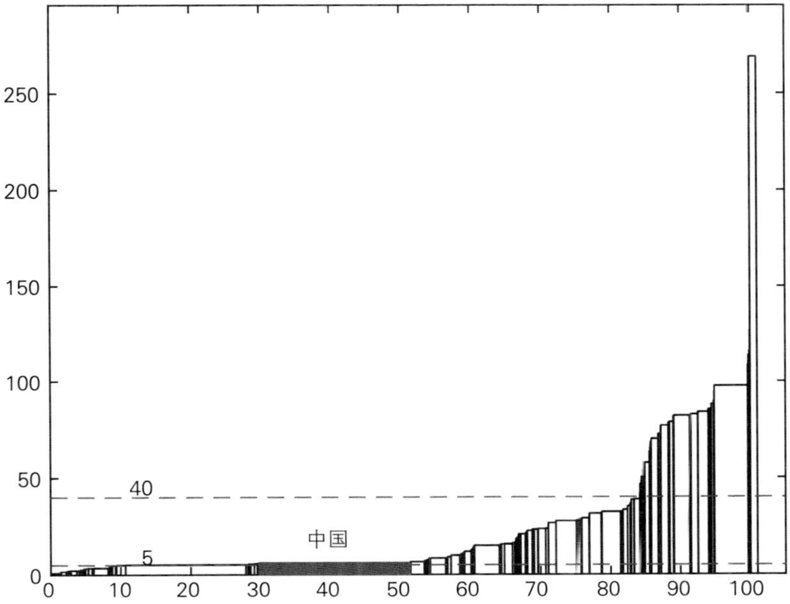

图5-4　1995年世界各国人均GDP相对于美国的水平

注：横轴代表不同收入国家的人口比例（按照人均GDP排序）；纵轴代表各国人均GDP（PPP，2011年国际美元）相对于美国的百分数；虚线对应的百分数分别是5%和40%，代表低收入国家、中等收入国家和高收入国家按照相对收入法的门槛值。

入国家（人均GDP按照2011年不变价格计算介于美国的5%和40%之间）为74.2%，高收入国家（人均GDP按照2011年不变价格计算高于美国的40%）为16.6%。按照相对收入法，1995年中国人均GDP为美国的6.5%，略高于5%的低收入国家标准（见图5-4）。

按照相对收入法，2005年，世界上低收入国家的人口累计数为11.1%，中等收入国家为72.9%，高收入国家为16.0%。按照相对收入法，2005年中国人均GDP为美国的11.5%，比1995年提高了5.0个百分点，属于中等收入国家。在1995—2005年期间，中美人均GDP年均趋同系数为5.9%（见图5-5）。

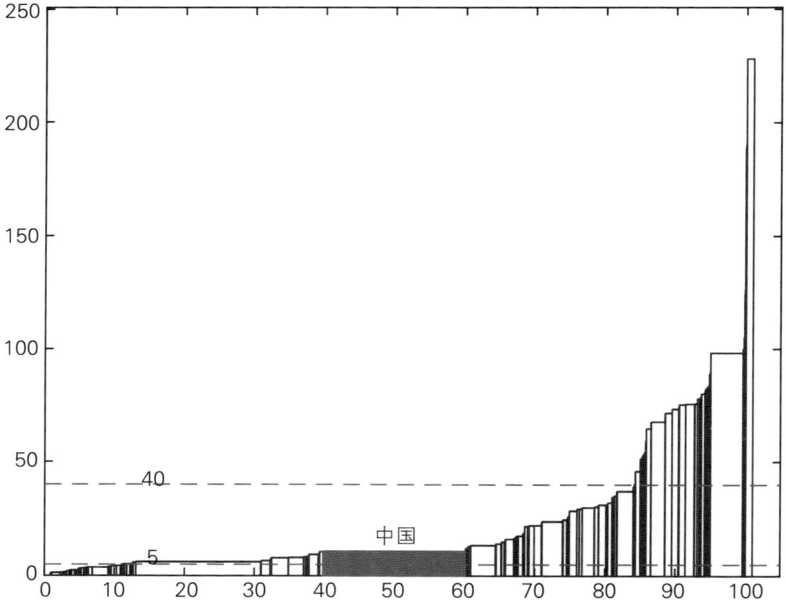

图5-5　2005年世界各国人均GDP相对于美国的水平

注：横轴、纵轴及虚线的含义同图5-4。

按照相对收入法，2015年，世界上低收入国家的人口累计数为8.9%，中等收入国家为72.2%，高收入国家为18.9%（见图5-6）。按照相对收入法，2015年中国人均GDP为美国的25.4%，仍属于中等收入国家，人均GDP相对于美国的差距大大缩小，比2005年提高了13.9个百分点，在2005—2015年期间，中美人均GDP年均趋同系数为8.2%，高于1995—2005年期间的趋同系数。这表明这一时期尽管中国人均GDP增长率有所下降，但是中国对美国的人均收入追赶在加速。

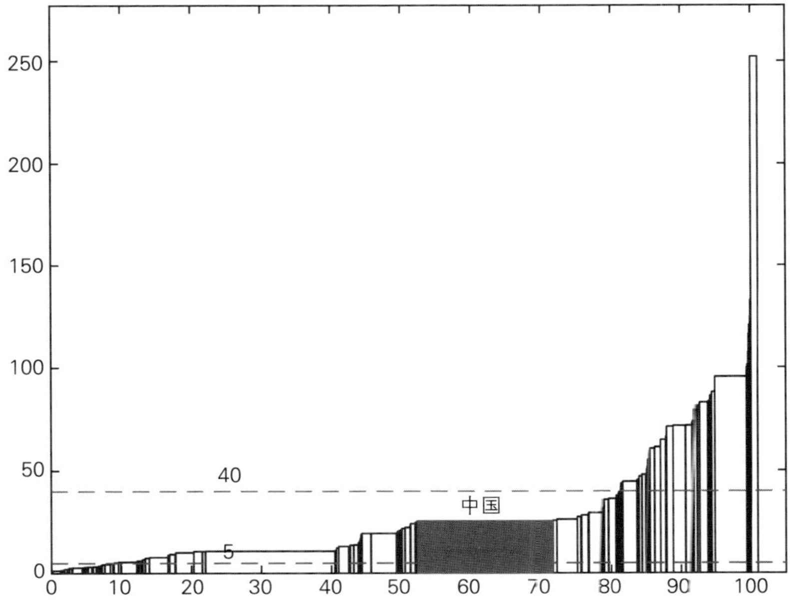

图5-6　2015年世界各国人均GDP相对于美国的水平

注：横轴、纵轴及虚线的含义同图5-4。

二、中国各地区跨越“中等收入陷阱”统计分析

中国是世界上地区差异最显著的国家，我们称之为“一个中国、四个世界(指四个收入组)”，这是中国基本国情之一。不过，这一格局并不是静止不动的，而是动态变化的，不是一成不变的，而是不断跃迁的。因此，在理解中国如何从一个低收入国家逐步迈向高收入国家，也需要把这个过程放在中国各地区的层面来观察。按照人均GDP的美元数(Atlas方法)，根据各年世界银行公布的收入组划分门槛，我们绘制了各地区在1995—2015年期间各地区所处的收入组。

1995年，只有上海进入上中等收入水平组，东部沿海地区、东北三省、内蒙古、新疆、湖北和重庆进入下中等收入水平，而其他的中部地区和西部地区均属于低收入水平地区。因此，从整体来看，1995年中国仍旧是一个经济发展水平相对落后的国家。

2005年，上海、北京和天津均进入上中等收入水平，除了贵州仍旧处于低收入水平地区以外，其他地区均为下中等收入水平地区。因此，2005年中国整体上进入下中等收入国家，相对于1995年的状况来看实现了明显的跨越。

2015年，中国有五个地区已经进入高收入水平，包括北京、天津、上海、江苏和浙江；所有其他地区均为中高收入水平。此外内蒙古、辽宁、福建、广东、山东等省份的人均GDP也已经超过10000美元。两者

合计按常住人口计算为5.078亿人，占中国总人口（为13.746亿人）的比重为36.9%，相当于欧盟的总人口（为5.096亿人），相当于美国总人口（为3.214亿人）的1.58倍。其余21省市区、不足2/3的人口也都进入了上“中等收入阶段”。这意味着中国1/3以上的沿海地区已经成功跨越所谓的“中等收入陷阱”，进入了高收入阶段，这些地区进而会带动整个中国跨越中等收入水平，迈向高收入阶段。

从1995—2015年各地区人均GDP水平的收入分组变化来看，各地区都保持了向更高收入组迈进的态势，并不存在某一省区一直停留在低收入或者中低收入阶段，这与中国各地区经济发展差异变动的趋势是一致的。从各个地区的经济发展差异来看，各地区人均GDP相对差异系数先上升，从1995年的64.0%上升至2004年的最高峰75.1%，而后持续下降，到2014年已下降至43.5%，呈现了持续趋同的趋势（见图5-7）。这也表明，中国经济相对落后的地区相对于经济相对发达的地区总体上处于追赶态势，各个地区的经济发展差距实际上处于缩小态势，地区间的经济发展水平更加平衡。如果这种态势能够继续保持，中国各地区的经济发展水平也会随着中国经济整体发展水平迈向高收入国家水平，当前经济发展落后的地区也会逐步实现向高收入阶段的跨越。

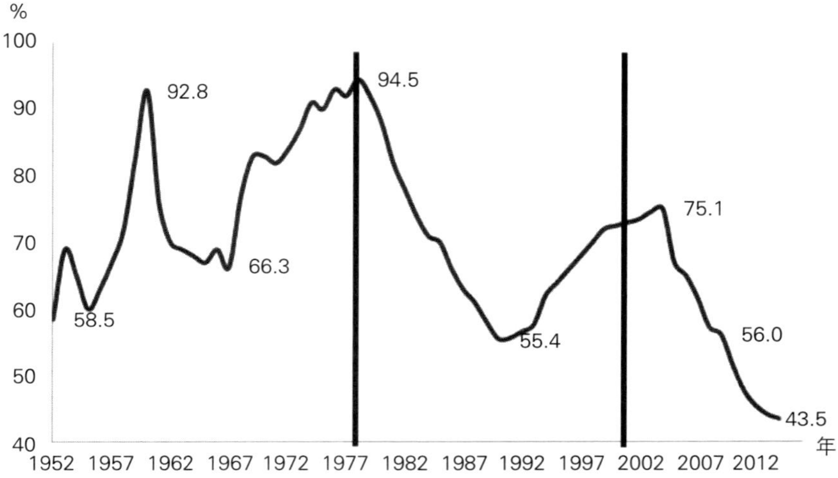

图5-7　中国各地区人均GDP的相对差异系数(1952—2014年)

这一趋势也与中国2000年以后实施的区域经济协调发展战略有关。十几年来,中国逐步形成了西部开发、东北振兴、中部崛起、东部率先的区域发展总体战略,这一战略使得沿海地区发展极大地带动了全国其他地区的发展,京津沪和江浙五省区已经进入高收入阶段,这就会带动那些处在中等收入、中上等收入的地区相继进入高收入阶段。这如同改革开放之初,东部地区率先对外开放、经济起飞,进而带动整个中国全面开放、全面起飞一样。

近年来,中国制定并实施"一带一路"倡议、京津冀协同发展、长江经济带三大战略,由此形成了"四大板块＋三大战略"的新格局,既激发了四大板块的发展活力,又打通了四大板块的互联互通,极大地促进了区域一体化、全国一体化、国际一体化。上述趋势都会促使不同地区跨越“中等收入陷阱”,成功地进入高收入阶段。

当然,中国各地区向高收入阶段迈进的过程不是同步的。从2015年各地区人均GDP(PPP,2011年国际美元)相对于高收入门槛值的比例来看(见图5-8),不同地区距离这个门槛值还存在很大的差异性。这也表明了中国迈向高收入国家过程中的整体性和区域性特征。

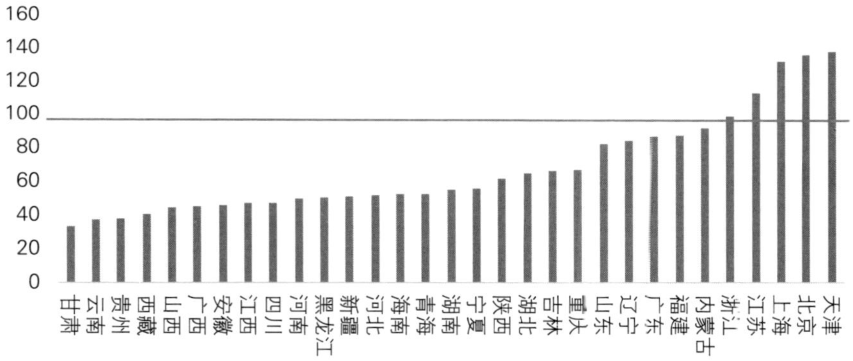

图5-8　2015年各地区人均GDP相对于高收入门槛的百分比(%)

注:以2015年中国人均GDP的国际美元值为基准,根据各地区人均GDP水平与全国人均GDP水平的相对值,计算出各省人均GDP的国际美元值,再除以高收入门槛值得到各地区相对于高收入门槛的百分比。

三、中国跨越“中等收入陷阱”的预测与展望

能否跨越“中等收入陷阱”的基本前提是经济增长。“十二五”以来,受到国际金融危机的外部冲击和影响,特别是全球经济增长低迷,

中国经济增速放缓，随着中国经济进入新常态[①]，经济增长速度相对于新世纪以来10%左右的增速有所下降，但是"十二五"时期依然保持了7.8%的增长速度。

国家"十三五"规划纲要，明确提出努力跨越"中等收入陷阱"的重要目标。为此，对经济增长的预期性指标设定为6.5%以上，这一指标的设定既考虑了实现党的十八大制定的"2020年GDP比2010年翻一番"的目标，也符合经济发展新常态下速度变化、结构优化、动力转换的需要，有利于实现质量更高、效益更优的增长。

考虑到"十三五"时期约为0.5%的人口自然增长率，人均GDP的增长率预期值为6%以上。基于此，我们按照世界银行收入分组标准(Atlas方法)对中国人均GDP水平按照增长率的不同场景进行分析。世界银行对2015年中国人均GNI的估计值为7930美元，我们给出三种中国人均GNI的增长率预测。其中，保守预测为5%，中性预测为6%，乐观预测为7%。三种情景下，中国人均GNI在2020年达到10121—11122美元，已接近高收入国家的门槛；2025年达到12917—15600美元，超过高收入国家的门槛(见图5-9)。[②]

① 关于经济新常态的描述，参考Angang Hu(2015)。

② 根据世界银行2015年给出的标准，人均收入为12735美元(Atlas方法)是高收入国家的进入门槛。

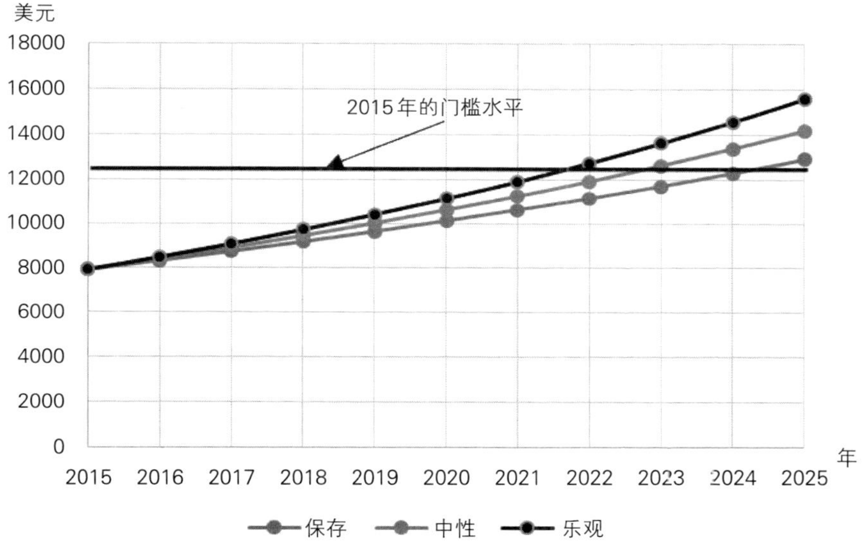

图5-9　中国人均GNI(2015—2025年)

基于Altas方法,我们也可以倒推中国人均GNI达到2015年标准的高收入国家的门槛(为12745美元)所需要的经济增长率。图5-10显示了中国在2020—2025年期间各年跨越高收入国家的门槛收入水平所需要的平均增长率。预计在"十四五"期间,只要人均GDP增长率保持在5%以上,2025年之前中国将进入高收入阶段。此外,随着中国迈向高收入国家,中国的GDP规模按照汇率法计算也将超过美国,这将是中国2014年按照PPP方法计算GDP规模超过美国的再次超越。

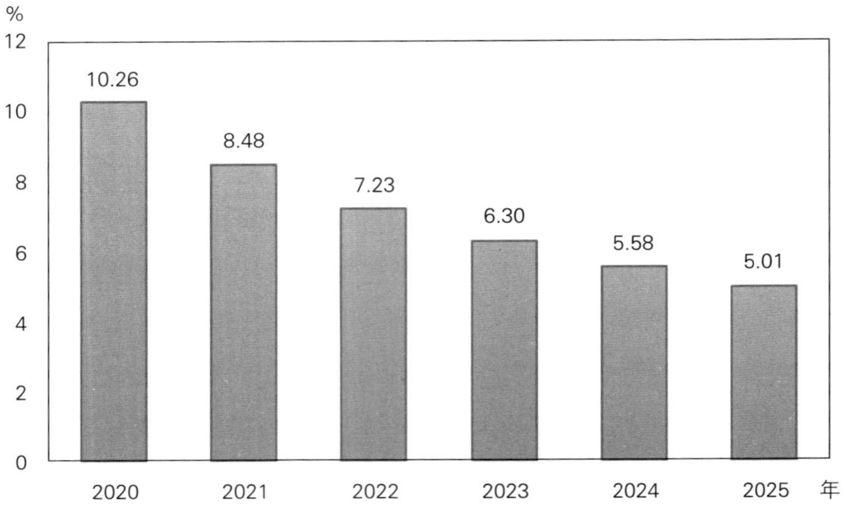

图5-10　各年达到高收入国家门槛的平均增长率(2020—2025年)

从相对收入的算法来看,世界银行给出了人均GDP按照购买力平价(PPP,2011年国际美元)相对于美国的相对标准。其中,人均GDP低于美国人均GDP水平5%的为低收入国家,高于40%为高收入国家。根据世界银行数据库,1990年中国人均GDP相对于美国的水平为4.11%,2000年为8.05%,2010年为19.29%,2015年为25.75%。从人均GDP的增长率差额计算,2005—2015年期间,中国平均高出美国8.45个百分点,其中2010—2015年高出6.02个百分点。同样地,我们也给出三种中国人均GDP追赶美国的情形,即2016—2025年期间高出美国5%、6%和7%,对应于保守估计、中性估计和乐观估计。基于三种情形设定,中国将在2022—2024年期间人均GDP(PPP)超过美国的40%,实现按照相对标准进入高收入国家行列(见图5-11)。或者说，中国在 2025 年前可以实现跨越“中等收入陷阱”。

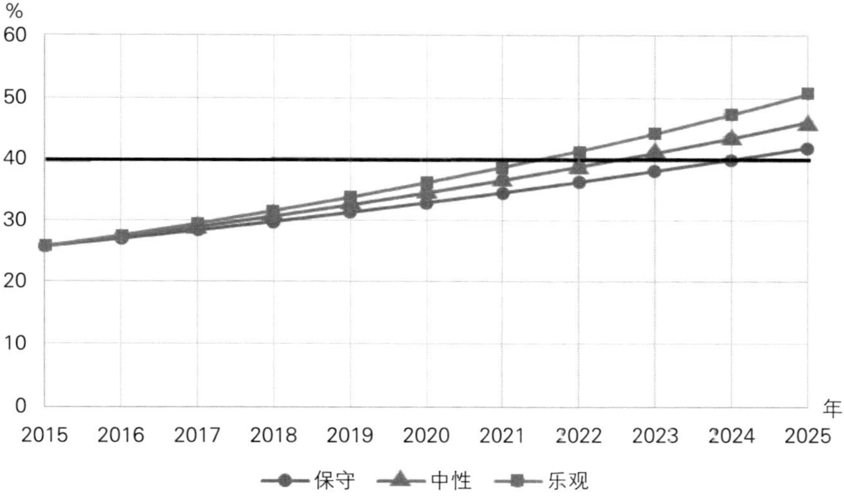

图 5-11　中国人均 GDP 相对美国水平（2015—2025 年）

以上预测表明，无论按照绝对标准还是按照相对标准，中国将在迎来第一个“百年”的时候（即 2021 年），人均 GDP 水平接近高收入国家水平，这也表明“十三五”时期（2016—2020 年）时期是中国跨越“中等收入陷阱”的关键阶段。进而，在“十四五”（2021—2025 年），中国实现跨越中等收入阶段走向高收入阶段。由此可以判断，“十三五”“十四五”是中国实现跨越“中等收入陷阱”的关键时期，这也是判断并实施两个五年规划的核心目标及发展对策。

四、中国道路的形成

回顾中国近代发展的历史，从1840年鸦片战争开始，中国经历了百余年的受列强欺辱、内部动荡以及人民历尽苦难的历史，中国没有条件也没有能力按照中国人民的需要和意愿探索中国的发展道路。从1949年到1978年，实现了国家独立、人民站起来，经历了30年艰辛的中国道路探索。从1978年到2022年左右，中国差不多用了两代人的时间实现了从一个贫穷落后的国家发展为一个跨越中等收入陷阱、步入高收入国家行列的国家，实现了让十几亿人民富起来。

从20世纪60年代以来的世界经济发展的过程来看，跨越中等收入陷阱的确是发展中国家的一个重大挑战。正如以上的分析，经过改革开放以来近40年的社会主义建设，通过不断完善国家制度建设，中国的社会主义制度体系不断成熟，立足于中国国情，同时也主动适应外部条件变化带来的挑战。从新中国成立以来的发展历程来看，中国由一个积贫积弱的落后国家，经过艰难的社会主义现代化建设探索，初步发展为一个即将实现小康社会的社会主义强国，这不仅是中华民族发展史上，也是人类发展史上的重大成就。取得这一重大成就的根本原因是，中国不断完善符合自己国情、顺应人民发展需求自主选择发展道路。

新中国建立之初，中国共产党人就开启了自主选择发展道路的探素。以毛泽东为首的第一代领导人是中国道路的总设计师、首创者和实践者。例如,中国创立了全国人民代表大会制度,而不是西方的议会制度,也不是苏联的苏维埃制度;创立了共产党领导的多党合作和政治协商制度,而不是西方的多党制、两党制轮流执政,也不是苏联的一党制;创立了民族区域自治制度,建立了多民族的统一的单一制国家,而不是美国或苏联的联邦制。从新中国成立以来的实践来看,这些基本政治制度符合中国人口众多、地域辽阔、区域差异以及城乡差异巨大的基本国情,符合中国一体多元、统一强大的历史发展道路和发展大势。

在中国道路的探索和实践中,中国也确实经历过重大挫折。遭受重大挫折的主要原因不是外部原因,而是内部原因。例如,在20世纪50年代末60年代初,中国经历了"大跃进"和三年自然灾害,经济发展大起大落,丧失了"一五"计划的良好开局;1966—1976年,中国又经历了十年的"文化大革命",这十年是国家基本制度遭受严重破坏的十年,对党和国家造成重大损失,也错过了对发达国家追赶的重大历史机遇。从第二次世界大战后世界经济的总体发展来看,1950—1973年是战后世界经济发展的黄金时期,主要发达国家在此时期均呈现较快的增长速度。尽管中国在此时期人均GDP的平均经济增长率大致与世界平均水平相当,但是大大低于中国的增长潜力。从长期的历史来看,如果不遭受这些重大挫折,中国现在极有可能已经跨越高收入国家的门槛。究其根本原因在于两个:其一,选择了超越基本国情的发展道路,例如,"大跃进"的惨痛教训;其二,未能抓住国家发展要解决的基本矛盾，而是一味地强调“政治挂帅”“阶级斗争”，从而忽视了人民日益增长的物质文化需要同落后的社会生产之间的矛盾。

邓小平既是第一代领导集体开创的中国道路的参与者和实践者，也是这条道路的继承者、纠正者、开拓者和再创新者。他作为中国改革开放的总设计师，对“文化大革命”后中国发展落后的现实具有强烈的紧迫感，同时作为“文化大革命”的受害者，他深知破坏国家基本制度的严重后果和重建国家制度体系的重大意义。邓小平没有重蹈“老路”的覆辙，客观评价了毛泽东的历史功绩，维护了中国共产党的权威。他否定了“两个凡是”的主张，重新确立了“实事求是”的思想路线，开创了有中国特色的社会主义现代化道路。它是由三大要素组成的：一是现代化因素；二是社会主义因素；三是中国因素。现代化因素就是要改变发展的落后状况，这也必然要求以经济建设为中心；社会主义因素是指发展是为了全体人民，实现共同富裕；中国因素是指社会主义建设要立足于中国国情，同时也要创新地开辟中国发展道路。

改革开放以后，中国把“以经济建设为中心”作为社会主义初级阶段基本路线的中心，这也从根本上保障了中国能够步入稳定发展轨道，并且经受国际政治风波的考验。20世纪80年代末90年代初，苏联以及东欧社会主义国家纷纷抛弃社会主义道路转向资本主义道路，这些国家不同程度地经历了经济衰退、人民福祉显著下降，甚至出现国家分裂。毫无疑问，这是一条“邪路”。这一时期的国内外政治形势成为当时中国稳定发展的重大挑战。然而，中国没有走“改旗易帜”的“邪路”，而是坚持了中国共产党的领导；也没有因为外部冲击而走“封闭僵化”的老路，反而更加坚定地推进中国改革与开放的事业，明确了中国经济转轨的方向，开辟了建设社会主义市场经济的新局面。

从20世纪90年代初至今，20多年过去了，我们回头再看看这段历史，不难发现在这个重要的历史关头，中国站稳脚跟对中国之后20多年发展的重要意义。可以说，如果不坚持走中国特色社会主义道路，不坚持中国特色社会主义市场经济，中国极有可能丧失重大发展机遇。我们看看俄罗斯在20世纪90年代的发展情况就不难得出上述结论。进入21世纪，随着中国加入WTO，中国以更加积极的姿态参与经济全球化，到了2013年，中国已经成为世界第一大货物贸易国。此外，中国于2010年超过日本成为世界第二大经济体（按照汇率计算）；如果按照购买力平价计算，中国于2013年超过美国成为世界第一大经济体。这实现了新中国成立初期，党的第一代领导人对中国发展的愿景。

中国为什么能够取得建设中国特色社会主义的重大发展成就，其根本原因在于中国共产党坚持了人民立场，把党的人民性和党的历史使命紧密地结合起来，积极探索符合中国发展实际、符合人民根本利益、符合世界发展大势的中国道路。改革开放以来，中国发展的实践就是中国道路。从某种意义上讲，中国自改革开放以来能够取得伟大成就的根本原因就是中国坚持自己的发展道路，不断探索建设中国特色社会主义。从党的十三大到十八大，历次党代会报告标题，均把“中国特色社会主义”作为主题词，提出各个发展阶段社会主义建设的目标、任务和保障机制，既是坚定社会主义道路，也在各个发展阶段不断创新社会主义的实现形式。党的十九大报告进一步提出,中国特色社会主义进入了新时代,以及新时代坚持和发展中国特色社会主义的总目标、总任务、总体布局、战略布局和发展方向、发展方式、发展动力、战略步骤、外部条件、政治保证等基本问题。

中国道路不仅是中国发展的根本保障,也是世界发展的重要支柱。中国在应对1998年东南亚金融危机和2008年由美国“次贷危机”引发的全球金融危机时,对世界经济的贡献就是明证。1998年席卷东南亚的亚洲金融危机,诸多东南亚国家以及韩国、俄罗斯等周边国家均不同程度上经历了经济萧条。同样,中国不仅稳定住了自己的阵脚,而且承诺人民币不贬值,对稳定东亚以及东南亚经济发挥了巨大的作用。

在2008年的全球金融危机中,中国对稳定世界经济发挥了中流砥柱的作用。应当说,这次经济危机是第二次世界大战以后,对世界经济影响最大的经济危机。时至今日,世界经济仍旧没有完全从这次全球金融危机中完全走出来。客观地说,中国也是这场全球金融危机的受害者,但是仍然对稳定世界经济增长发挥了重要作用。根据世界银行的数据,按照2010年美元不变价计算,“十二五”时期中国经济增长对世界经济增长的年均贡献率达到30.5%,超过美国,跃居全球第一,而同期美国和欧元区分别为17.8%和4.4%[①]。

---

① “十二五”时期,按分年度贡献率来看,2011—2015年期间,中国增长的贡献率分别为28.6%、31.7%、32.5%、29.7%、30.0%,而美国分别为11.8%、20.4%、15.2%、19.6%、21.9%。

针对中国经济对世界经济的影响，习近平总书记在出席二十国集团第八次领导人峰会上曾经指出，中国经济同世界经济高度融合。一个经济运行更稳定、增长质量更高、增长前景更可持续的中国，对世界经济发展是长期利好的。中国有条件有能力实现经济持续健康发展，为各国创造更广阔的市场和发展空间，为世界经济带来更多正面外溢效应。

事实上，中国经济对世界经济增长的贡献率超过美国已经成为“常态”。按照2010年不变美元价格计算，2015年美国的GDP规模为16.6万亿美元，中国为8.91万亿美元，美国为中国的1.86倍。这表明，只要中国的经济增长率是美国的经济增长率的1.86倍以上，中国对世界经济增长的贡献率就会超过美国。从美国经济增长率的长期趋势来看，增长率高于2.5%就已经是非常好的增长纪录。尽管中国未来经济增长会进一步下降，但是在未来20年，也就是到2035年，中国经济的平均增长速度超过5%仍然是大概率事件。这表明，中国对世界经济增长的贡献率高于美国将成为常态，并对世界经济格局产生重大影响。从这个意义上讲，中国道路具有世界意义。

毫无疑问，在未来中国道路的实践中，中国仍旧会面临各种各样的挑战，中国道路就是在应对各种挑战的过程中不断完善的。但是，并不能因为出现的各种挑战就怀疑中国道路，甚至提出“中国崩溃论”。多年来，国际社会上的“中国崩溃论”危言耸听，不绝于耳，但却是一个不断重复的伪命题。同样的是，国际社会上对中国陷入“中等收入陷阱”的论调也不绝于耳，其实也是伪命题。无论中国在低收入阶段会遇到所谓“贫困陷阱”，还是在进入中等收入阶段，遇到“中等收入陷阱”，即使到了将来，还会有“高收入陷阱”，只要有发展，就会有挑战，只要有前进，就会有陷阱，但中国总能跨过各种陷阱，从极低收入水平到低收入水平，再到下中等收入水平，再到上中等收入水平，最终也会进入高收入发展阶段。经历了30多年的改革开放实践，无论是党中央，还是人民群众，都会越来越理性，越来越成熟，也越来越智慧，中国绝不会误入“中等收入陷阱”。

中国发展的下一步就是向高收入水平进军，并逐步实现“共同富裕”的目标。[①]尽管在中国跨越“中等收入陷阱”之时，中国的经济发展水平比起欧美日等先进的西方国家仍然具有较大差距，但是，只要中国经济成功转型，特别是能够形成创新驱动的发展模式，中国仍旧可以保持对经济发达国家的较快追赶速度。以韩国为例，韩国人均GDP在1994年首次超过美国的40%（PPP，2011年国际美元），1996年韩国加入OECD时，人均GDP相当于美国的44%，这可以被视为韩国初步成为中等发达国家的标志。2015年，韩国人均GDP提高至美国的65.2%，属于名副其实的中等发达国家。这也表明，韩国在进入高收入国家行列后，仍旧保持了对美国的较快追赶。因此，2016—2035年期间，如果中国的人均GDP的平均增长率达到5%，2035年将超过韩国2007—2008年的人均GDP水平（大约28200美元）。从这个意义上讲，

① 胡鞍钢、鄢一龙、魏星执笔：《2030中国：迈向共同富裕》，中国人民大学出版社2011年版。

中国从整体上来看完全有可能实现在2030—2040年期间进入中等发达国家行列，提前实现当年邓小平提出“三步走”的第三步。

五、中国跨越“中等收入陷阱”的世界意义

2000年9月，联合国提出“千年发展目标”(MDG)，在八大领域提出全球发展目标。时任国家主席江泽民在联合国千年首脑会议上提出倡议，明确指出，“我们需要世界各国共赢、平等、公平、共存的经济全球化，促进人类共同发展关键在于建立公正合理的国际经济新秩序”。从2000年到2015年，中国积极响应“千年发展目标”(MDG)的倡议，先后制定和实施了“十五”计划、“十一五”规划、“十二五”规划，不仅完成了本国主要经济社会发展目标，而且还完成了MDG各项目标，取得了卓越的发展成就，成为完成“千年发展目标”最好的发展中国家。与此同时，中国积极参与南南合作，为120多个发展中国家落实“千年发展目标”提供了帮助，得到国际社会的一致认可。在此期间，中国也由一个低收入国家迈向了上中等收入国家，使上中等收入国家人口增加至25.94亿人。

2015年9月，联合国可持续发展峰会在纽约总部召开，联合国193个成员国在峰会上正式通过可持续发展目标(Sustainable Development Goals，SDG)。可持续发展目标旨在从2015年到2030年间以综合方式彻底解决社会、经济和环境三个维度的发展问题，转向可持续

发展道路。习近平主席在此次大会上发表了题为《谋共同永续发展，做合作共赢伙伴》的讲话，倡议国际社会加强合作，共同落实2015年后发展议程，努力实现合作共赢，提出了“增强各国发展能力、改善国际发展环境、优化发展伙伴关系、健全发展协调机制”四点倡议。同时，习近平主席向国际社会宣布，中国将继续秉持义利相兼、以义为先的原则，为可持续发展目标的实现贡献中国力量。[①]为推进可持续发展目标，中国已经把可持续发展的十七大目标纳入“十三五”规划之中。可以预期，随着中国将在2025年前进入高收入国家，中国必将为联合国所倡议的可持续发展做出更大的贡献。我们认为，中国在迈向高收入国家的过程中，将对世界发展产生如下几个方面的积极影响。

首先，中国进入高收入国家将极大地改善目前全球经济发展的格局，从而将对形成更加合理、更加公平的国际政治经济秩序产生积极影响。从世界范围来看，2015年世界上低收入国家的人口累计数为8.9%，中等收入国家为72.2%，高收入国家为18.9%(相对收入法)。从人口分布来看，呈现出“两头小、中间大”的态势。在非西方国家中，能够从中等收入国家行列真正进入高收入国家或发达国家“俱乐部”的国家是极少数，大多数国家都不同程度地遇到所谓“中等收入陷阱”，

① 其中包括：中国将设立“南南合作援助基金”，首期提供20亿美元，支持发展中国家落实2015年后发展议程；中国将继续增加对最不发达国家投资，力争2030年达到120亿美元；中国将免除对有关最不发达国家、内陆发展中国家、小岛屿发展中国家截至2015年底到期未还的政府间无息贷款债务；中国将设立国际发展知识中心，同各国一道研究和交流适合各自国情的发展理论和发展实践；中国倡议探讨构建全球能源互联网，推动以清洁和绿色方式满足全球电力需求。

并且还无法跨越这一陷阱。而当中国在2022—2025年期间跨越中等收入阶段、进入高收入国家之时,将极大改变世界上低收入国家、中等收入国家和高收入国家的人口分布格局。届时,世界上进入高收入国家的人口累计数将超过世界人口的40%左右,这也有利于推进建立更加符合广大发展中国家发展诉求的国际治理体系,将是对世界发展的一个重大贡献。

其次,中国进入高收入国家不仅是中国人民福祉的提升,也必将通过中国对外贸易和对外直接投资对世界其他国家的经济发展产生积极影响。随着中国整体迈向高收入国家,中国将逐步成为世界上最大的进口市场,为广大发展中国家和新型经济体创造贸易机会和就业岗位。按照现值美元计算,中国在1990年货物和服务的进口额仅占世界总体进口额的0.88%,2000年提高到2.83%,2010年提高到7.49%,2015年提高到9.87%,成为仅次于美国的世界第二大货物和服务进口国(2015年,美国货物和服务进口占世界的比重为13.44%)。特别是,2008年全球金融危机之后,中国成为世界贸易增长的引擎。

2010—2015年期间,按照当前美元计算的货物和服务进口的名义增长率,中国为10.9%,高出美国(8.7%)和世界平均水平(8.3%)。需要指出的是,中国的进口潜力是非常巨大的。2015年,世界各国的货物和服务贸易进口占GDP的比重为25.8%,而中国只有18.6%。随着中国从投资驱动型经济增长模式向消费驱动型增长模式的转变,我们预计到2025年中国将成为世界上最大的货物和服务的进口国,进口规模将达到4万亿美元以上。[①]

此外，中国已经成为世界上重要的对外直接投资国，2015年对外直接投资规模达到1457亿美元，累计对外直接投资存量达到10979亿美元，占全球外国直接投资流出存量的份额由2002年的0.4%提升至4.4%。[②]预计2016—2025年期间，中国将累计对外直接投资3万亿—5万亿美元。特别是，随着中国“一带一路”倡议的推进，中国将成为广大发展中国家重要的外商直接投资国。无论是对外贸易还是直接对外投资，中国都将在进入高收入国家的同时成为世界经济增长、贸易增长的引擎，也将为中国的贸易伙伴和投资国创造巨量的就业岗位。

第三，中国在迈入高收入国家的过程中，也将为世界的绿色发展贡献中国力量和中国智慧。作为世界上最大的发展中国家和最有影响的新兴经济体，中国不能脱离国情和世情走传统的西方工业化过程中的黑色发展道路，而是应顺应绿色工业革命的世界趋势，寻求中国的绿色发展道路。从“十一五”规划以来，中国逐步明确了绿色发展战略，“十三五”规划明确提出了绿色发展理念，推进中国特色的绿色发展道路。2007年6月，中国政府制定了《应对气候变化国家方案》，这也是全球发展中国家第一部专门性的应对气候变化的国家方案。此后，中国的两任最高领导人（胡锦涛和习近平）先后阐明了应对气候变

① 我们假定2016—2025年期间中国以美元计算的GDP增长率为6%，2025年进口占GDP的比重为20%。

② 数据来源：中华人民共和国商务部、中华人民共和国国家统计局和国家外汇管理局：《2015年度中国对外直接投资统计公报》，中国统计出版社2016年版。

化的中国立场和中国承诺。[①]

从中国参与全球气候变化治理来看，无论是哥本哈根气候变化大会还是巴黎气候变化大会，中国都是全球气候变化治理的积极推动者，甚至是不可或缺的、关键的推动者。特别是，在2015年12月的巴黎气候变化大会上，中国的积极努力对《巴黎协定》的达成发挥了巨大的推动作用。在2016年6月，中国公布了《强化应对气候变化行动——中国国家自主贡献》，确定了到2030年的自主行动目标：二氧化碳排放2030年左右达到峰值并争取尽早达峰；单位国内生产总值二氧化碳排放比2005年下降60%—65%，非化石能源占一次能源消费比重达到20%左右，森林蓄积量比2005年增加45亿立方米左右。这是继2009年哥本哈根大会中国做出2020年自主行动方案后，对全球气候变化治理的又一大贡献。

不仅如此，中国还宣布出资200亿元人民币建立"中国气候变化南南合作基金"，协助其他发展中国家提高应对气候变化融资的能力。当前，积极应对气候变化已经成为中国国家发展的重要战略之

① 2009年9月，胡锦涛主席在联合国气候变化峰会上就气候变化问题首次阐述中国立场，承诺中国将采取有力措施争取到2020年单位GDP的CO_2排放比2005年有显著下降。同年11月，国务院常务会议提出2020年单位GDP的CO_2排放比2005年下降40%—45%，作为约束性指标纳入国民经济和社会发展中长期规划。2014年11月12日，习近平主席和时任美国总统奥巴马签署《中美气候变化联合声明》，宣布两国各自2020年后应对气候变化行动。其中，中国计划2030年左右二氧化碳排放达到峰值且将努力早日达峰，并计划到2030年非化石能源占一次能源消费比重提高到20%左右。

一，坚定不移地推进低碳发展战略已经成为中国国家发展的优先目标，也是“五年规划”的重要约束性指标。因此，我们可以认为，中国作为世界最大的新兴经济体已经成为全球气候变化治理和全球绿色发展的倡导者、创新者和领跑者。中国实施绿色发展战略，不仅为中国开创了一条新型的跨越式发展道路，也为广大发展中国家的发展提供了示范和启示，具有世界意义。与此相对的是，美国未来的气候变化政策走向有可能是全球气候变化治理的最大不确定性因素。例如，美国总统特朗普上任伊始就签署了“能源独立”行政命令，其中包括多项对清洁能源进行限制的条款，特朗普政府甚至推翻了奥巴马政府的气候政策。

第四，在迈向高收入国家的进程中，中国也将成为世界的创新强国，并对世界发展产生强大的外溢效应。目前，中国已经把创新驱动发展战略作为国家发展的首要发展理念，中国也为创新发展战略制定了多个行动计划，推动“中国制造”快速向“中国创造”转变。到中国实现进入高收入国家之时，中国将成为世界科技创新的中心，成为诸多世界高科技领域的前沿创新者，基本建成“创新型国家”，并且积极推动世界各国的科技创新合作，推进世界科技进步。需要指出的是，中国当前规划的重大创新工程的目标都是谋求人类福祉和世界可持续发展,体现了科技发展为人类服务的宗旨。[①]

第五,在实现迈入高收入国家的过程中,中国将在2020年全面消除贫困的基础上进一步推进共同富裕、促进人类发展,这不仅是中国推进共享发展的重要体现,也将成为广大发展中国家推动国家共享发展的典范。根据UNDP的数据显示,1980年中国的人类发展指数为0.423,属于下中等人类发展水平;2014年中国的人类发展指数已经达到0.719,属于高人类发展国家。这表明,尽管中国还没有进入高收入水平组,但是已经成为高人类发展国家。预计到2025年,中国人类发展指数将超过0.80,成为极高人类发展水平国家。其中,教育和健康指标贡献率超过2/3。毫无疑问,中国在推进人类发展的经验对广大发展中国家具有借鉴意义。在过去的20年中(1995—2015年),中国先后实现了由低收入国家向中低收入国家以及由中低收入国家向中高收入国家的两次跨越。不仅如此,中国还实现了向高人类发展水平国家的跨越。2020年,中国将实现全面小康社会建设,实现全面消除贫困;在此基础上,中国将在2025年之前进入高收入国家行列,并成为更高人类发展水平的国家,为世界经济增长、全球绿色发展、全球创

①《"十三五"国家科技创新规划》中,把"核高基"(核心电子器件、高端通用芯片、基础软件)、集成电路装备、宽带移动通信、数控机床、油气开发、核电、水污染治理、转基因、新药创制、传染病防治等关键核心技术列为国家科技重大专项;把航空发动机及燃气轮机、深海空间站、量子通信与量子计算、脑科学与类脑研究、国家网络空间安全、深空探测及空间飞行器在轨服务与维护系统列为重大科技项目;把种业自主创新、煤炭清洁高效利用、智能电网、天地一体化信息网络、大数据、智能制造和机器人、重点新材料研发及应用、京津冀环境综合治理、健康保障等重点方向作为重大工程。

新发展、全球共享发展及共赢发展贡献中国力量和中国智慧。

中国已经取得的以及即将取得的发展成就表明，中国在维护国家独立、保障政治稳定、立足基本国情、坚持自主发展的基础上，通过完善中国特色社会主义市场经济体制以及通过国家发展规划的战略引导，不断释放市场主体的创新潜能，积极参与经济全球化，不仅实现了长达40年的高速经济增长，并使得人民的生活水平不断提高；通过不断完善具有包容性发展特征的社会政策体系，使得全体社会成员获得经济发展的成果，实现共享发展；通过完善可持续发展的体制机制，使得国家发展基本纳入绿色发展轨道；通过全面依法治国、全面从严治党以及完善中国特色民主体制建设逐步推进国家治理能力和治理体系的现代化，实现政治发展，政治发展也成为经济发展和社会稳定的基石。

中国今后能够成功地跨过“中等收入陷阱”，成为世界最大规模的高收入国家，不仅对近14亿全体中国人民福祉具有决定性意义，也对世界发展具有极其重大的影响和深远意义。这会使目前高收入国家的11.87亿人口（占世界总人口的16.16%）再增加14.5亿人，到2030年达到26.37亿人。更重要的是，即便是中国进入高收入国家、成为世界上最大的经济体，中国也不会谋求“霸权主义”，而是进一步通过扩大对外贸易、对外直接投资、对外发展援助等方式推进中国与世界各国的“共赢发展”和“共享发展”。

作为世界上最大的发展中国家，中国自改革开放以来，走出了一条中国特色发展道路，从世界最大规模的绝对贫困人口国家，成为世界最大规模的上中等收入国家，即世界最大规模的小康社会，将来也会成功跨越"中等收入陷阱"，成为一个高收入国家。中国的发展历程表明，中国特色的发展道路是一条明显不同于西方发展模式的道路。中国的发展道路不仅破除了对于"西方模式"的迷信，也是对"西方模式"的超越，特别是超越了"西方模式"所标榜的民主模式和新自由主义经济模式。中国过去的发展道路为世界发展树立了典范。我们也可以预期，未来中国在迈向高收入国家的过程中也会为世界发展带来更为深远的积极意义，成为全球可持续发展的推动力量。

后　记

一个学术概念，从其提出、争议、发展，最后成为理论化的表述，本身就需要一定的时间积累、经验积累和研究积累，更需要长期的社会实践检验。从2007年世界银行正式提出"中等收入陷阱"这个概念，到2016年中国政府将"努力跨越中等收入陷阱"作为"十三五"时期国家发展的战略目标[①]，可以说，在中国从计划经济到市场经济转型的过程中，中国经历了一个从实践到认识以及从再实践到再认识的过程。

我自己也经历了一个反复认识、反复讨论、反复研究的过程，前前后后有七八年的时间。本书正是作者这一过程的现场记录和真实写照。这里简要地介绍一下我是如何提出这个命题，如何通过调查研究来分析问题，又是如何破解这一世界性难题，使中国成功地跨越"中等收入陷阱"，从容地迈向共同富裕的高收入水平的。

---

① 李克强总理指出："今后五年是跨越'中等收入陷阱'的重要阶段，各种矛盾和风险明显增多。发展如逆水行舟，不进则退。必须毫不动摇坚持以经济建设为中心，推动科学发展，妥善应对挑战，使中国经济这艘巨轮破浪远航。"李克强：《政府工作报告》，2016年3月5日。

"凡事预则立,不预则废。"2002年3月,王绍光、胡鞍钢、丁元竹在《战略与管理》杂志上发表了《经济繁荣背后的社会不稳定》一文。我们认为,进入21世纪,中国再次进入社会不稳定时期,突出表现为:世界最大规模的经济结构调整;世界最大规模的"下岗洪水"和"失业洪水";世界最显著的城乡差距和地区差距;世界上基尼系数增长最快的国家之一;世界最大范围的生态环境破坏。我们还认为,经济繁荣并不必然或自动导致社会稳定。从中国历史来看,严重的社会危机往往发生在经济繁荣期;从许多发展中国家的经验看,不公平、不公正的增长往往突然因社会危机而造成经济停滞、衰退甚至崩溃。我们的分析表明,社会分配不公平是不稳定的重要根源之一。因此,遏制分配不公平、纠正社会不公平现象已经不仅是一个社会的伦理问题,而且是危及社会稳定的社会问题以及国家政权合法稳定性的政治问题。实际上,这是中国进入21世纪,同时进入下中等收入阶段所面临的最大的发展挑战和悖论,尽管当时没有称之为"中等收入陷阱"。此文在中国学术界引发广泛关注[①]。为了应对这一挑战,2003年,胡鞍钢、王绍光、周建明主编《第二次转型:国家制度建设》一书(清华大学出版社2003年版),提出了国家制度建设的根本目的是实现"良治",保障国家根本利益和发展目标的实现,这包括:国家安全和领土完整;经济发展与经济稳定;社会公正与人类安全;政治清明与社会稳定;生态平衡与环境保护。

① 截至现在此文被引用近500次(见中国知网)。

2004年,党中央首次提出防止"中等收入陷阱"的重大命题,创意性地提出科学发展观的应对之策。时任国务院总理温家宝在省部级主要干部专题研讨班上明确指出:"我国人均国内生产总值已达1000美元,按既定的部署和现行汇率计算,到2020年将达到3000美元。这是整个现代化进程中一个非常关键的阶段,也是经济社会结构将发生深刻变化的重要阶段。许多国家的发展进程表明,在这一阶段,有可能出现两种发展结果:一种是搞得好,经济社会继续向前发展,顺利实现工业化、现代化;另一种是搞得不好,往往出现贫富悬殊、失业人口增多、城乡和地区差距拉大、社会矛盾加剧、生态环境恶化等问题,导致经济社会发展长期徘徊不前,甚至出现社会动荡和倒退。"[①]显然后一种可能性就是典型的"中等收入陷阱"。对此,党中央有高度的自觉性,最重要的是创新性地提出"以人为本"的科学发展观,坚持全面、协调、可持续发展,坚持统筹兼顾,处理各种矛盾和问题,中国才能够避免后一种可能性,争取实现前一种可能性。

2008年12月,我到广东省进行调研,应邀在省委中心组学习会"广东学习论坛",[②]以"广东发展模式转型与金融危机应对"为题授课。我开宗明义地指出,改革发展进入新的历史阶段,但同时也形成了特定的经济发展模式,有可能出现"路径依赖""路径锁定"现象;如

① 温家宝:《提高认识　统一思想　牢固树立和认真落实科学发展观——在省部级主要领导干部"树立和落实科学发展观"专题研究班结业式上的讲话》(2004年2月21日),新华网北京2004年2月29日电。

② 时任广东省委书记汪洋、省长黄华华等参加讲座。

果不能及时地、主动地转型，就可能对未来的改革和发展造成阻碍，陷入所谓经济发展的“中等收入陷阱”。进入中等收入阶段的广东省[①]，跨越“中等收入陷阱”的关键是从传统经济发展方式向现代化经济发展方式转变。同时，我还认为广东省跨越式发展会对全国跨越“中等收入陷阱”起到领头羊的作用。这次讲座在广东省高层干部中引起强烈反响。后来，我将讲稿以《国情报告》（2008年12月19日）的形式（约2.6万字）送中央领导同志参阅，并没有公开发表。

现在看来，当时的判断还是非常有前瞻性的。2008年以后，广东经济可谓实现了“脱胎换骨”的模式转换，成为中国创新驱动发展的引领地区。2015年，上亿人口的广东省在全国率先同时进入三个“1万”俱乐部。一是广东人均GDP超过1万美元（人均GDP达到67503元，相当于10838美元），很快将迈入高收入发展阶段；二是GDP总量超过了1万亿美元（地区生产总值达72812.55亿元，相当于11691亿美元），占全国GDP总量的10.8%，占世界GDP总量的1.67%，在世界上相当于第十六大经济体；三是货物进出口总额超过1万亿美元（11658亿美元），占世界总额的3.51%，也超过了韩国（第8位）、荷兰（第7位）、法国（第6位）、英国（第5位）。

此次广东的调研，是我们研究中国如何跨越“中等收入陷阱”课题的开始。事实上，从一开始，我们的研究就立足于全国，研究与国家五

① 2008年，广东省人均GDP为5400美元（按照2008年人民币兑美元汇率），正处于中等收入水平。

年规划紧密结合,其主题一直是“中国如何跨越‘中等收入陷阱’”。①

“十二五”规划制定伊始,中国已经从下中等收入阶段进入上中等收入阶段,“十二五”规划明确提出“以科学发展为主题,以加快经济发展方式转变为主线”的基本思路,推动实现这一根本性的战略调整,这是中国避免落入“中等收入陷阱”的关键所在。

当前,中国正处于向高收入发展阶段迈进的关键时期。2015年,天津、北京、上海、江苏的人均GDP均超过高收入门槛(人均GDP在1.27万美元以上),浙江(12466美元)、内蒙古(11547美元)、福建(10913美元)、广东(10838美元)、辽宁(10467美元)、山东(10305美元)的人均GDP超过了1万美元。这10个省自治区、直辖市的GDP合计为38.60万亿元,占全国总量的57.0%;常住人口总数为5.108亿人,占全国总人口的37.1%,相当于美国总人口的1.64倍。事实上,这些沿海地区省份已经先后成功地跨越“中等收入陷阱”,并且有能力带动全国各地跨越这一陷阱。由此,我们也提出:“中等收入陷阱对中国而言是一个伪命题。”

2016年是“十三五”规划的开局之年,国家“十三五”规划纲要首次提出:“努力跨越中等收入陷阱。”我们的研究表明,党中央提出的“五大发展理念”,既是跨越“中等收入陷阱”的核心发展理念,更是成功跨越“中等收入陷阱”的五大发展途径。“十三五”和“十四五”是跨越“中等收入陷阱”的关键时期。本书的研究结果表明:中国将在2020—

① 胡鞍钢:《中国如何跨越“中等收入陷阱”》,《当代经济》2010年第15期。

2025年之间，成功跨越“中等收入陷阱”，迈向共同富裕的高收入水平，不仅能如期实现第一个百年目标，还要为实现第二个百年目标奠定更坚实的基础。特别是，习近平总书记在党的十九大报告中为实现第二个百年目标谋划了两个“十五年奋斗目标”，即2035年基本实现社会主义现代化和2050年把我国建成富强民主文明和谐美丽的社会主义现代化强国。从长远的发展来看，跨越“中等收入陷阱”是中国在实现全面建成小康社会目标之后以及2035年基本实现社会主义现代化目标之前这一发展阶段需要实现的一个目标；更重要的是，要在此基础上把我国建设成富强民主文明和谐美丽的社会主义现代化强国，实现中华民族伟大复兴的“中国梦”。

从发展视角看，任何发展阶段都会遇到发展陷阱，如低收入发展阶段就有“贫困陷阱”，中等收入发展阶段有“中等收入陷阱”，即使到了高收入阶段还会有“高收入陷阱”。从国际视角看，为什么从中等收入水平进入高收入水平的成功概率要低于从低收入水平进入中等收入水平的成功概率？答案很多，也是智者见智仁者见仁。我的看法是，“中等收入陷阱”与其说是经济陷阱，不如说是政治陷阱。早在20多年前，苏联和东欧就已经是中等收入国家，经过政治剧变，始终未能跨过“中等收入陷阱”，进入高收入国家。早在十几年前，有的中东国家也进入了中等收入阶段，但战乱至今，民不聊生。

这些失败的事例告诉我们：只有稳定的政治环境，才能创造适宜的经济发展环境，才能成功跨越“中等收入陷阱”，“天下大治”是最大的国家公益性产品，它如同看不见、摸不着的空气，不仅每个人都离不开，也无法自我提供，这就需要我们去珍视、爱惜、保护。它属于全体人民的根本利益，个人利益要服从全体利益，个人要服从国家。十几亿人口的中国是利益共同体、命运共同体、发展共同体，一荣俱荣，一损俱损。

那么，在当代中国，谁是国家公益性产品的提供者呢？就是中国共产党和中国政府，这是他们的主要职责、重大任务。正是他们能够有效地提供"天下大治"这样的最大国家公益性产品，才使得中国迅速发展起来，先是成功地跨越极低收入的"贫困陷阱"，接着就是再次成功地跨越"中等收入陷阱"，使13亿人共同富裕起来，一起实现伟大复兴的"中国梦"。中国是否能够跨越"中等收入陷阱"？怎样跨越"中等收入陷阱"？有什么途径、采取什么措施？这既是一个理论问题，更是一个实践问题。作为清华大学国情研究院研究课题，我和我的团队从2008年以来先后在内部发表多篇《国情报告》，产生政策影响力；在学术期刊上公开发表多篇专题文章，产生学术影响力，其中胡鞍钢、周绍杰、任皓：《供给侧结构性改革——适应和引领中国经济新常态》（《清华大学学报》（哲学社会科学版）2016年第2期）已被他人引用375次，下载量超过3万次，此文也获得第四届"百盛——清华学报优秀论文奖"，产生了很大的学术影响力。在此基础上，由周绍杰、胡鞍钢执笔完成的《中国跨越中等收入陷阱》一书，进一步深入研究、系统全面回答上述问题，为今后中国迈向高收入水平、建设共同富裕社会提供国情研究背景和政策建议。其中，鲁钰锋博士后、任皓博士生也参与了跨越"中等收入陷阱"研究课题，任皓也为本书的研究承担了数据计算工作。

习近平总书记讲过，对中国而言，“中等收入陷阱”过是肯定要过去的，关键是什么时候迈过去、迈过去以后如何更好向前发展。我们有信心在改革发展稳定之间，以及稳增长、调结构、惠民生、促改革之间找到平衡点，使中国经济行稳致远。[①]随着中国特色社会主义进入新时代，我国的主要矛盾已经转化为人民日益增长的美好生活需要和不平衡不充分的发展之间的矛盾，如何在新的历史站位开创国家全面发展的新格局，这是新时代给我们提出的新课题。

本书以中国成功跨越“中等收入陷阱”为主题，分为五章：第一章主要介绍了什么是“中等收入陷阱”，提出了它的绝对标准和相对标准；第二章分析了中国为什么会成功跨越“贫困陷阱”，这为中国成功跨越“中等收入陷阱”提供了重要的基础；第三章讨论了中国中等收入阶段的各类发展挑战，以及成功跨越“中等收入陷阱”的有利条件；第四章分析了中国如何成功跨越“中等收入陷阱”，通过五大发展破解中等收入多重陷阱，推进供给侧结构性改革是跨越“中等收入陷阱”的关键；第五章对今后中国发展进行了展望：跨越“中等收入陷阱”，迈向高收入水平，进而实现全面建设共同富裕社会的目标。

实践是检验真理的标准。同样，中国社会实践是检验本书所提供的国情与决策知识及价值的标准。由于该项课题十分复杂，未来发展

①习近平：《在出席亚太经合组织领导人同工商咨询理事会代表对话时的讲话》(2014年11月10日)，《人民日报》2014年11月11日。

有许多不可预测的因素，因而我们还会不断跟踪研究、持续研究这一主题，即使中国进入了高收入阶段，还会遇到所谓“高收入陷阱”的问题，还需要我们具有前瞻性的专业化研究，不断地践行“知识为民、知识报国”的理念。

总之，实践无止境，认识无止境，研究无止境，创新无止境。

胡鞍钢

2018年1月7日

于清华大学